U0503437

中国地方政府规模与结构优化：
理论、模型与实证研究

On Optimization of
Local Government Size and Structure of China:
Theories, Models and Positive Studies

罗植 著

经济管理出版社
ECONOMY & MANAGEMENT PUBLISHING HOUSE

图书在版编目（CIP）数据

中国地方政府规模与结构优化：理论、模型与实证研究/罗植著 . —北京：经济管理出版社，2015.12

ISBN 978 - 7 - 5096 - 4016 - 6

Ⅰ.①中…　Ⅱ.①罗…　Ⅲ.①地方政府—组织机构—研究—中国　Ⅳ.①D625

中国版本图书馆 CIP 数据核字（2015）第 244883 号

组稿编辑：宋　娜
责任编辑：宋　娜　许　艳
责任印制：黄章平
责任校对：赵天宇

出版发行：经济管理出版社
　　　　　（北京市海淀区北蜂窝 8 号中雅大厦 A 座 11 层　100038）
网　　　址：www. E - mp. com. cn
电　　　话：（010）51915602
印　　　刷：三河市延风印装有限公司
经　　　销：新华书店
开　　　本：720mm×1000mm/16
印　　　张：13
字　　　数：213 千字
版　　　次：2015 年 12 月第 1 版　2015 年 12 月第 1 次印刷
书　　　号：ISBN 978 - 7 - 5096 - 4016 - 6
定　　　价：88.00 元

·版权所有　翻印必究·

凡购本社图书，如有印装错误，由本社读者服务部负责调换。

联系地址：北京阜外月坛北小街 2 号

电话：（010）68022974　　邮编：100836

第四批《中国社会科学博士后文库》
编委会及编辑部成员名单

（一）编委会

主　任：张　江

副主任：马　援　　张冠梓　　俞家栋　　夏文峰

秘书长：张国春　　邱春雷　　刘连军

成　员（按姓氏笔画排序）：

卜宪群	方　勇	王　巍	王利明	王国刚	王建朗	邓纯东
史　丹	刘　伟	刘丹青	孙壮志	朱光磊	吴白乙	吴振武
张车伟	张世贤	张宇燕	张伯里	张星星	张顺洪	李　平
李　林	李　薇	李永全	李汉林	李向阳	李国强	杨　光
杨　忠	陆建德	陈众议	陈泽宪	陈春声	卓新平	房　宁
罗卫东	郑秉文	赵天晓	赵剑英	高培勇	曹卫东	曹宏举
黄　平	朝戈金	谢地坤	谢红星	谢寿光	谢维和	裴长洪
潘家华	冀祥德	魏后凯				

（二）编辑部（按姓氏笔画排序）：

主　任：张国春（兼）

副主任：刘丹华　　曲建君　　李晓琳　　陈　颖　　薛万里

成　员（按姓氏笔画排序）：

王　芳	王　琪	刘　杰	孙大伟	宋　娜	苑淑娅	姚冬梅
郝　丽	梅　枚	章　瑾				

序　言

2015 年是我国实施博士后制度 30 周年，也是我国哲学社会科学领域实施博士后制度的第 23 个年头。

30 年来，在党中央国务院的正确领导下，我国博士后事业在探索中不断开拓前进，取得了非常显著的工作成绩。博士后制度的实施，培养出了一大批精力充沛、思维活跃、问题意识敏锐、学术功底扎实的高层次人才。目前，博士后群体已成为国家创新型人才中的一支骨干力量，为经济社会发展和科学技术进步作出了独特贡献。在哲学社会科学领域实施博士后制度，已成为培养各学科领域高端后备人才的重要途径，对于加强哲学社会科学人才队伍建设、繁荣发展哲学社会科学事业发挥了重要作用。20 多年来，一批又一批博士后成为我国哲学社会科学研究和教学单位的骨干人才和领军人物。

中国社会科学院作为党中央直接领导的国家哲学社会科学研究机构，在社会科学博士后工作方面承担着特殊责任，理应走在全国前列。为充分展示我国哲学社会科学领域博士后工作成果，推动中国博士后事业进一步繁荣发展，中国社会科学院和全国博士后管理委员会在 2012 年推出了《中国社会科学博士后文库》（以下简称《文库》），迄今已出版四批共 151 部博士后优秀著作。为支持《文库》的出版，中国社会科学院已累计投入资金 820 余万元，人力资源和社会保障部与中国博士后科学基金会累计投入 160 万元。实践证明，《文库》已成为集中、系统、全面反映我国哲学社会科学博士后优秀成果的高端学术平台，为调动哲学社会科学博士后的积极性和创造力、扩大哲学社会科学博士后的学术影响力和社会影响力发挥了重要作用。中国社会科学院和全国博士后管理委员会将共同努力，继续编辑出版好《文库》，进一步提高《文库》的学术水准和社会效益，使之成为学术出版界的知名品牌。

哲学社会科学是人类知识体系中不可或缺的重要组成部分，是人们认识世界、改造世界的重要工具，是推动历史发展和社会进步的重要力量。建设中国特色社会主义的伟大事业，离不开以马克思主义为指导的哲学社会科学的繁荣发展。而哲学社会科学的繁荣发展关键在人，在人才，在一批又一批具有深厚知识基础和较强创新能力的高层次人才。广大哲学社会科学博士后要充分认识到自身所肩负的责任和使命，通过自己扎扎实实的创造性工作，努力成为国家创新型人才中名副其实的一支骨干力量。为此，必须做到：

第一，始终坚持正确的政治方向和学术导向。马克思主义是科学的世界观和方法论，是当代中国的主流意识形态，是我们立党立国的根本指导思想，也是我国哲学社会科学的灵魂所在。哲学社会科学博士后要自觉担负起巩固和发展马克思主义指导地位的神圣使命，把马克思主义的立场、观点、方法贯穿到具体的研究工作中，用发展着的马克思主义指导哲学社会科学。要认真学习马克思主义基本原理、中国特色社会主义理论体系和习近平总书记系列重要讲话精神，在思想上、政治上、行动上与党中央保持高度一致。在涉及党的基本理论、基本路线和重大原则、重要方针政策问题上，要立场坚定、观点鲜明、态度坚决，积极传播正面声音，正确引领社会思潮。

第二，始终坚持站在党和人民立场上做学问。为什么人的问题，是马克思主义唯物史观的核心问题，是哲学社会科学研究的根本性、方向性、原则性问题。解决哲学社会科学为什么人的问题，说到底就是要解决哲学社会科学工作者为什么人从事学术研究的问题。哲学社会科学博士后要牢固树立人民至上的价值观、人民是真正英雄的历史观，始终把人民的根本利益放在首位，把拿出让党和人民满意的科研成果放在首位，坚持为人民做学问，做实学问、做好学问、做真学问，为人民拿笔杆子，为人民鼓与呼，为人民谋利益，切实发挥好党和人民事业的思想库作用。这是我国哲学社会科学工作者，包括广大哲学社会科学博士后的神圣职责，也是实现哲学社会科学价值的必然途径。

第三，始终坚持以党和国家关注的重大理论和现实问题为科研主攻方向。哲学社会科学只有在对时代问题、重大理论和现实问题的深入分析和探索中才能不断向前发展。哲学社会科学博士后要根据时代和实践发展要求，运用马克思主义这个望远镜和显微镜，增强辩证思维、创新思维能力，善于发现问题、分析问题，积极推动解决问题。要深入研究党和国家面临的一系列亟待回答和解决的重大理论和现实问题，经济社会发展中的全局性、前瞻性、战略性问题，干部群众普遍关注的热点、焦点、难点问题，以高质量的科学研究成果，更好地为党和国家的决策服务，为全面建成小康社会服务，为实现"两个一百年"奋斗目标和中华民族伟大复兴中国梦服务。

第四，始终坚持弘扬理论联系实际的优良学风。实践是理论研究的不竭源泉，是检验真理和价值的唯一标准。离开了实践，理论研究就成为无源之水、无本之木。哲学社会科学研究只有同经济社会发展的要求、丰富多彩的生活和人民群众的实践紧密结合起来，才能具有强大的生命力，才能实现自身的社会价值。哲学社会科学博士后要大力弘扬理论联系实际的优良学风，立足当代、立足国情，深入基层、深入群众，坚持从人民群众的生产和生活中，从人民群众建设中国特色社会主义的伟大实践中，汲取智慧和营养，把是否符合、是否有利于人民群众根本利益作为衡量和检验哲学社会科学研究工作的第一标准。要经常用人民群众这面镜子照照自己，匡正自己的人生追求和价值选择，校验自己的责任态度，衡量自己的职业精神。

第五，始终坚持推动理论体系和话语体系创新。党的十八届五中全会明确提出不断推进理论创新、制度创新、科技创新、文化创新等各方面创新的艰巨任务。必须充分认识到，推进理论创新、文化创新，哲学社会科学责无旁贷；推进制度创新、科技创新等各方面的创新，同样需要哲学社会科学提供有效的智力支撑。哲学社会科学博士后要努力推动学科体系、学术观点、科研方法创新，为构建中国特色、中国风格、中国气派的哲学社会科学创新体系作出贡献。要积极投身到党和国家创新洪流中去，深入开展探索性创新研究，不断向未知领域进军，勇攀学术高峰。要大力推进学术话语体系创新，力求厚积薄发、深入浅出、语言朴实、文风清新，力戒言之无物、故作高深、食洋不化、食古不化，不断增强我国学术话语体系的说服力、感染力、影响力。

"长风破浪会有时，直挂云帆济沧海。"当前，世界正处于前所未有的激烈变动之中，我国即将进入全面建成小康社会的决胜阶段。这既为哲学社会科学的繁荣发展提供了广阔空间，也为哲学社会科学界提供了大有作为的重要舞台。衷心希望广大哲学社会科学博士后能够自觉把自己的研究工作与党和人民的事业紧密联系在一起，把个人的前途命运与党和国家的前途命运紧密联系在一起，与时代共奋进、与国家共荣辱、与人民共呼吸，努力成为忠诚服务于党和人民事业、值得党和人民信赖的学问家。

是为序。

张江

中国社会科学院副院长

中国社会科学院博士后管理委员会主任

2015 年 12 月 1 日

摘　要

　　政府对经济增长乃至社会发展具有重要作用，但是过度强调政府的作用也可能对经济增长与社会发展产生阻碍。政府最优规模与政府职能一直是学界研究的焦点，其理论认识大致经历了一个从小政府到全能政府，再到有限政府的过程。在中国地方政府规模与结构优化这一主题下，本书主要涉及以下五个方面内容。

　　第一，中国地方政府规模与结构的历史演进。由于缺乏有效的水平监督与激励机制，中国地方政府主要接受上级政府自上而下的垂直监督。在这种情况下，追求效用最大化的地方政府，其规模主要受到财政体制的影响。因此，财政体制的两次明显变化将中国地方政府规模的历史演进划分为三个主要阶段：一是改革开放以前，财政体制的主要特点是高度集权，国家控制了几乎全部的经济活动，因此这一阶段的税收不具有经济学的一般内涵。二是改革开放之后，财政体制的主题变为"放权让利"，这一主题一直维持到分税制以前。"放权让利"虽然提高了经济绩效，但也扭曲了资源配置、加剧了市场分割、引起了通货膨胀、导致了财政"两个比重"不断下降。三是分税制以后，虽然上一阶段的多个问题基本上得到了解决，但公共服务的供给不足，以及地区间的不均等问题依然严重。最终，在考察地方政府规模现状的基础上，本书还发现中国地方政府可能存在许多不能由财政收入与支出直接反映的隐性规模与较高的行政成本。

　　第二，中国地方政府最优规模估计。在完全相同的样本空间下，本书分别使用三类模型估计了中国地方政府最优规模。通过比较可以发现，基于"Barro 法则"的劳均模型与门槛回归模型的估计结果比较符合中国的实际，而且估计结果较为一致。从估计结果看，中国地方政府的最优规模大约为 GDP 的 10%。由此可见，不但中国地方政府的平均规模显著小于世界发达国家的平均水平，而且其最优规模水平也显著小于世界平均水平。因此，两者之间的这种共振关系可能从某一层面上印证了隐性规模与行政成本较高的问题。

第三，中国地方政府行政层级结构优化，检验"省直管县"体制的有效性。行政层级结构是影响经济绩效的重要因素。"市管县"体制弊端的不断凸显使得"省直管县"体制被赋予了极大的期望。通过双差分模型的检验结果可知，"省直管县"体制对经济绩效具有显著的促进作用。从浙江省与福建省的经验数据看，与"市管县"的体制相比，"省直管县"体制在实施当年就可使浙江省各县的 GDP 指数平均增加约 4.557 个百分点，两年内的平均影响约为 5.813 个百分点，三年与四年内的平均影响分别为 3.857 个百分点与 1.593 个百分点，四年以后将不存在显著影响。可见，这种加速的推动作用大约可以维持四年，四年以后将达到更高的平衡增长路径。进而，剔除了福建省试点县以后的再估计结果可以说明"省直管县"体制的积极效应并不是个例，而是具有一定程度的普遍性，是地方政府行政层级结构优化的一个选择方向。

第四，中国地方政府财政支出结构优化。地方政府财政支出结构的优化应更多关注居民的实际需求，而不是经济绩效。在中间投票人定理的基础上，本书构建了中国地方公共服务需求决定模型，并估计了公共服务的拥挤性水平，其结果反映出地方财政支出结构存在较大的优化空间。从全国平均水平看，应该严格控制基本建设投入和公共服务成本支出，并加大教育和社会保障支出，且整体政府规模已经高于最优水平。从地区差异看，各地区的公共服务拥挤性存在显著差异，财政支出结构优化需要考虑地区特征，应将基础建设和医疗卫生投入从东部地区向中部、西部地区转移。

第五，政府规模内生影响因素检验。简单地改变政府规模的外显特征无法调整政府规模的均衡状态，长期下必将回到原来的均衡点。只有改变相关的内在影响因素，才有可能改变政府规模的均衡状态，从而引导政府规模向新的均衡点不断调整。通过将滞后期的政府规模内生于决定因素模型之中，本书分析了政府规模的动态调整过程，并得到了影响政府规模相关因素的无偏估计量。从估计的结果可以发现：一是地方政府规模会向某一特定的目标规模水平不断调整，而且调整速度很快，几乎每年都能调整剩余距离的一半；二是转移支付占该地区 GDP 的比重每提高 1 个百分点，就可能会导致政府规模提高 0.7~0.9 个百分点，这反映了"粘纸效应"显著存在；三是中国的财政分权没能起到限制地方政府规模的作用，反而推动了地方政府规模的膨胀；四是 1978~2010 年，对外开放程度的提高也是推动地方政府规模膨胀的一个原因；五是影响政府规模的各种因素大都表现出推动政府规模膨胀的作用，因而导致地方政府的目标规模不断提高，最终表现为地方政府的规模不断膨胀；六是中国地方政府规模向一特定目标水平的不断调整，反映了地方政府规模具有条件收敛的特征。

通过本书的实证分析不难发现，中国地方政府规模已经显著高于其最优规模水平，同时，地方公共服务还存在着供给不足与地区间不均等的现象。这些问题的解决离不开水平监督机制的有效存在，而这种机制的引入还需要在渐进的改革模式下稳步推进。

关键词：政府规模；层级结构；财政支出结构；拥挤性；内生性

Abstract

Government plays an important role in the economic growth. However, the economic will be harmed with magnifying its function. The optimization of government size and government functions has been the focus of academic research. The theory successively experiences the small government theory, the omnipotent government theory and the limited government theory. Based on this topic, this paper mainly focuses on five issues.

First is the evolution of size and structure of local government in China. Local government of China is mainly supervised by the higher level because the horizontal supervision and incentive mechanism is inefficiency. In this case, the size of local government who pursuits the utility maximization is primarily influenced by the fiscal system. Thus, the two milestones in the evolement of fiscal system divided the historical process of the government size into three stages. Before reform and opening up, almost all economic activities were under the control of a highly centralized government, resulting in meaninglessness of studying the tax of this period in an economics sense. Since the reform and opening up, theme of second phase of fiscal system has changed into decentralization and interest concessions until the tax sharing system. With the promotion of economic performance, decentralization and interest concessions simultaneously distorted the allocation of resources, exacerbated the segmentation of the market, leaded to inflation, and shrank the government revenue both in central and local. Stepping into stage of tax sharing system, most problems in the previous stage were solved. Meanwhile, the undersupply of public goods and services still remains a severe issue, as well as inter – regional inequality. At last, it is to be revealed that local governments of China may have considerably implicit sizes and hugely administrative costs through examining the status quo of government size.

Second is estimate of optimal size of local government in China. I estimate the optimal government size using all three types of models based on the same data. Comparing these models and results, it can be found that the model in the form of per capita based on the "Barro rule" and threshold regression model obtain similar estimators. And they are in line with China's condition. From the estimator, the optimal size in China is approximately 10%. It is obvious that although the government size is smaller than the average of developed countries, the optimal level is also significantly less than theirs. Therefore, resonance between these two optimal estimators may indicates considerably implicit size and highly administrative costs.

Third is the optimal structure of local government hierarchy in China, which mainly focus on testing the effectiveness of "Provincial Governing County" system. Hierarchical structure of administrative system is an essential factor of economic performance. With the disadvantage of "City Governing County" system became graver, "Provincial Governing County" system has been given a great expectation to promote economic performance. The estimator of the "differece –in –differences" model suggests that province – managing – county system has the positive effect on the economic performance. Specifically, empirical data from Zhejiang and Fujian Province shows province – managing – county system makes GDP index of Zhejiang Province increase by about 4. 557 points in the first year of implementation compared to city – managing – county system. Within two years, the effect in each year is approximately 5. 813 points in average. And within three and four years, the average effect in each year is 3. 857 and 1. 593 respectively. After four years, there is no significantly effect. Thus, this positive effect can be maintained about four years. The result from the model in which empirical data exclude the experimental county of Fujian Province shows that this positive effect is universal rather than occasional. So this can be a choice of the local government structure optimization in China.

Fourth is the optimal structure of fiscal expenditure. The optimal structure of fiscal expenditure should be pay more attention to the actual needs of residents rather than economic performance. Thus, I structure a model of demande of local public service based on the theorem among voters and estimate the congestion of public service. The results demonstrates there are many problems in public service supply. From a national perspective, it is should be diminish the expenditure of infrastructure and the cost of public service, and should be increase the expenses on education and social security, as well as the overall government size is higher the optimal level. From a regional perspective, because the congestion of public service is distinct between regions, the optimization should be consider the features of each region. Fiscal expenditure should be transfer the investment of infrastructure and health from east to middle or/and west of China.

Fifth is the effect of factors under endogenous government size. The equilibrium can not be changed by external manifestations. The government size will resume in long − run. Hence, to optimize the government size in long − run, we should change the point of equilibrium through adjust the internal factors. Considering the government size as the endogenous factor, this paper analyzed the process of dynamic adjustment of government size and obtained the unbiased estimator through the dynamic panel data models which include some lag phase of government size. Conclusions are drawn as below: First, the local government size move towards a specific target size very fast, almost the half of the remaining distance every year; Second, the ratio of transfer payments to region's GDP increased by one point will lead to an increase of the local government size by approximately 0. 7 to 0. 9 percentage, which reflects the flypaper effect; Third, fiscal decentralization in China promote the local government size rather than limit it; Fourth, openness to foreign world is also the factor to promote the local government size in China between 1978 and 2010; Fifth, many of factors have the positive effect on local government size, which result in the target size increasing and local government size expanding through adjustment to it; Sixth, the process of dynamic adjustment of government size demonstrated that local government size presents a characteristics of conditional convergence.

All the results above from empirical analysis in this paper obviously show two problems at least. One is the actual size of local government is bigger than the optimal one. The other is inadequate supply of regional public services and inequality of it. The solution of these problems is the mechanism of horizontal supervision and incentives. And the introduction of this mechanism must needs the road of evolutionary reform.

Key Words: Government Size; Structure of Local Government Hierarchy; Structure of Fiscal Expenditure; Congestion; Endogenous

目 录

Contents

导　言

　　"国家的存在是经济增长的关键，然而国家又是人为经济衰退的根源"，著名的诺斯悖论描述了政府与社会经济之间相互联系又相互矛盾的关系。这一表述不仅反映了政府在经济增长乃至社会发展中所发挥的重要作用，同时也说明了其在经济增长与社会发展中可能存在的阻碍作用。经济的增长与社会的发展离不开政府的存在，但也不能过度强调政府所发挥的作用。其实，政府应该具有哪些职能，不应该具有哪些职能，政府是否存在最优规模与结构，其最优的规模与结构是什么，而决定政府规模与结构的相关因素又有哪些，这些问题一直是学术界及社会各界争论的焦点。

　　亚当·斯密认为所有政府行为均是非生产性行为，即政府规模扩张必然会争夺更多的生产要素，从而减少从事生产性行为的劳动力与资本，进而影响经济增长。然而，亚当·斯密同时认可，市场机制的有效性依赖于政府的创建与维护。因此，他主张保持政府规模最小化，认为一切经济活动都应该由市场机制这只"看不见的手"来调节，应该尽量避免政府行为对其的任何干预，政府只充当"社会守夜人"的角色。

　　20 世纪 30 年代，严重的经济危机使亚当·斯密的政府规模最小化理论受到了来自现实的挑战。为了摆脱经济危机，许多学者开始怀疑政府规模最小化理论，认为政府应该提供有效的政策工具帮助社会走出经济危机。于是，凯恩斯提出了干预型大政府理论，主张政府需要对宏观经济进行全面的干预和调控，避免并治理经济危机，认为政府不仅应该是社会经济的"守夜人"，而且应该利用有效的政策工具影响经济发展。然而，20 世纪 70 年代以后，美国等西方资本主义国家经历的"滞胀"现象也使得这一理论受到了来自理论与现实的挑战。

　　当亚当·斯密的"小政府"理论与凯恩斯的"大政府"理论都受到了现实的挑战时，许多学者开始关注政府与市场之间的平衡点。艾哈德的社会市场经济理论既不同意漫无限制的自由放任，也不赞成严酷无情的政府管制，而是提出应该在绝对自由和极权主义之间寻求一条中间道路。他认为经济增长需要市场机制的自由竞争，而政府应当为市场机制创造必要的条件和适宜的环境，包括竞争规则、市场无法提供的公共物品，以及稳定的货币与物价。庇古的观点也介于亚当·斯密与凯恩斯之间，认为政府应该创立和维护市场秩序的正常运行、纠正市场机制引起的各种不良行为、解决市场机制带来的各种正负外部性等。在此基础之上他指出了一个政府最优规模理论的初步框架，即当公共服务产生的社会边际效用等于由赋税所带来的社会边际效用损失时，公共服务的供给规模就是最优的。

政府规模的理论认识大致经历了一个从小政府到全能政府，再到有限政府的过程。理论研究的同时，大量的实证研究也说明了最优政府规模的存在性。在实证研究的基础上，Richard Armey 借用"拉弗曲线"的形式，描绘了政府规模与经济绩效之间的非线性关系：当政府规模处于一个较低的水平时，政府规模的扩大对经济绩效具有促进作用，当政府规模超过某一临界值时，政府规模的扩大将阻碍经济增长与社会发展，而这一临界值就是政府规模的最优水平。此后，越来越多的理论研究与实证研究开始寻找介于政府与市场之间的中间道路，以及如何使政府规模达到最优水平。

"分税制"以后，中国地方政府规模不断膨胀，财政收入与支出以接近20%的年均增长率不断提高。1994 年，财政收入与支出占国内生产总值的比重分别为 10.83% 和 12.02%，2011 年，两者分别提高到了 21.97% 和 23.10%。不可否认，地方政府规模膨胀的同时，中国经济也处于高速增长之中，但公共服务供给不足及不均等的问题却日见凸显，当然，这与以"GDP 为纲"的经济发展思路密切相关。但公共服务供给不足及不均等问题也反映了财政支出结构不合理、转移支付结构不合理，以及行政管理体制层级结构不合理等多方面问题。这些问题的解决离不开政府规模与结构的优化。为了解决这些问题，中国先后经历了多次行政体制改革，但始终无法真正跳出"精简—膨胀—再精简—再膨胀"的怪圈。当前，中共十八大报告又一次提出了深化行政体制改革与建设服务型政府，要想使得改革成果长期有效，需要明确中国地方政府的最优规模是什么，以及影响其规模的真正因素。

那么，中国地方政府的最优规模是什么，以及如何优化中国地方政府的规模与结构呢？围绕这一主题，本书以经验数据为基础，通过实证研究分析中国地方政府的规模与结构优化问题。

第一章与第二章是本书的基础,主要介绍研究的背景、内容和意义,以及相关的概念界定和基本假定,还有国内外的研究现状。

第三章从财政体制改革的角度梳理缺乏水平监督机制下中国地方政府规模与行为的历史变迁。由于缺乏有效的水平监督与激励机制,中国地方政府主要接受上级政府自上而下的垂直监督。在这种情况下,财政体制成为影响地方政府规模与行为的关键因素,两次重要的财政体制改革将地方政府规模的发展历程划分为三个阶段:一是改革开放以前的高度集权阶段,这一阶段国家控制了几乎全部的经济活动;二是改革开放以后的"放权让利"阶段,这一阶段在推动经济增长的同时也产生了许多问题;三是分税制以后的初步分权阶段,这一阶段虽然解决了上一阶段存在的许多问题,但公共服务供给不足及不均等问题却日见凸显。这一部分主要分析中国特殊制度环境下,每一阶段中的地方政府规模、行为与经济绩效。

第四章估计中国地方政府的最优规模。估计政府最优规模的经验模型很多,在这些模型的基础上分析中国地方政府规模情况的研究也十分丰富,但得到的结论却各不相同。目前常用的估计模型主要有三类:一是基于"Barro 法则",并由 Karras 导出的经验模型;二是基于"Armey"曲线的线性估计模型;三是其他非线性估计模型。三类模型各具特点,那么,哪一种模型更能拟合中国的实际呢?这一部分将采用完全相同的样本空间,分别使用这三类模型估计中国地方政府规模的最优水平,比较模型及其估计结果之间的差异,讨论最能拟合中国实际的模型与最优规模。

第五章讨论行政管理体制的层级结构优化,检验"省直管县"体制的有效性。行政层级结构是政府结构的一个重要方面,是影响经济绩效的重要因素。随着"市管县"体制弊端的不断凸显,通过"省直管县"体制来解决现存问题并促进经济绩效被寄予了极大期望。目前,全国各个省份都相继开展了"省直管县"体制的试点工作。这些试点工作形成了一种自然实验,为检验"省直管县"体制的净效应提供了经验数据。这一部分拟在此基础之上,使用"双差分"模型估计"省直管县"体制的净效应,对该体制的实际效果进行一次客观的检验与评价,为行政层级结构提供一个优化方向。

第六章讨论政府财政支出结构优化。地方政府的财政支出结构不仅影响当地的经济绩效,更影响当地居民所能享有的公共服务。以经济绩效为目标的优化虽然可以在短期内推动地区经济快速增长，但可能不利于该地区居民的生活质量与其经济的可持续发展。因此，财政支出结构优化应该更多地关注居民的实际需求，而不是经济绩效。这一部分拟在"中间投票人"定理的基础上获取公共服务的实际偏好，构建中国地方公共服务需求决定模型，通过估计公共服务的拥挤性系数来反映公共服务的供需匹配情况，进而讨论财政支出结构的优化对策。

第七章讨论地方政府规模的影响因素。政府规模有其外在的表现特征，也有其内在的影响因素。外显特征直观地反映了政府规模的现实水平，但并不决定政府规模。因此，简单地压缩人员编制或财政支出这些外显特征，而不调整内在影响因素，并不能真正影响政府规模，长期下政府规模必将回到压缩前的水平。这也是行政管理体制改革总是出现"精简—膨胀—再精简—再膨胀"的原因之一。调整政府规模就要改变内在影响因素，改变政府规模的均衡点，只有这样才能在长期下调整政府规模。这一部分拟在政府规模内生前提下，讨论各种内在影响因素，主要包括财政分权程度、转移支付水平和对外开放程度等，为政府规模优化提供经验支持。

处于转型期的中国，其地方政府规模与结构存在着许多亟待解决的问题，如何解决这些问题并实现优化是一个复杂的系统工程。显然，本书不可能彻底解决与此相关的所有问题，因而主要集中讨论了与该主题密切相关的焦点问题。期望本书的研究内容与结论能为中国地方政府规模与结构的优化工作提供一定的理论支持与经验证据。

第一章 绪 论

第一节 研究背景

随着改革开放的不断深入，中国创造财富的能力不断提升，经济取得了举世瞩目的成就。伴随着中国经济的高速增长，中国政府财政收入与支出占国内生产总值的比重也在不断攀升。然而，财政收入与支出规模的不断提高并未有效改善公共服务的供给，反而使得供给不足与不均等的问题愈加严重。其中的矛盾反映了中国地方政府规模与结构的不尽合理。同时，中共十八大报告也明确指出了严格控制机构编制，减少领导职数，降低行政成本，优化行政层级，建设职能科学、结构优化、廉洁高效、人民满意的服务型政府这一改革目标。因此，研究中国地方政府规模与结构优化的问题很有必要。

一、财政收入与支出规模不断攀升

"分税制"以后，中国政府的财政收入与支出以接近20%的年均增长率不断提高，而这一时期国内生产总值的年均增长率只有10%左右，这使得财政收入与支出占国内生产总值的比重不断攀升。1994年，财政收入与支出占国内生产总值的比重分别为10.83%和12.02%，到2011年，两者分别提高到了21.97%和23.10%[①]，而且还有持续增长的趋势。不可否认，这种财政支出快速增长的现象并不是中国所特有的，而是普遍存在于许多国家，

---

① 数据整理自《中国统计年鉴》（2012）。

瓦格纳法则对此进行了分析与总结。

瓦格纳法则指出，当一个国家的国民收入不断增长时，政府的财政支出会以更大的比例增长，即随着人均收入水平的提高，政府财政支出规模也会不断提高。这一结论是经济学家瓦格纳在分析了许多国家公共支出数据的基础上得出的，他还把促进政府财政支出不断增长的因素归结为政治和经济两个方面。政治因素是指，经济发展加剧了市场中个体互动关系的复杂性，从而提高了对于法律和契约等制度的需求，这就需要政府将更多的资源用于维护市场的秩序，用于保障市场机制的有效性。经济因素是指，经济发展使得人口居住密集化，从而产生了外部拥挤性等问题，这就需要政府增加相应的支出进行管理。此外，瓦格纳还认为公共服务的需求收入弹性较大，人均收入的增加会加倍提高人们对于这些服务的需求，这同样需要政府加大相应的支出。支持瓦格纳法则的学者又进一步从政府调节经济、政府提供公共服务、政府保障市场机制有效运行等方面解释了政府财政相对支出随经济发展不断提高的缘由。

虽然瓦格纳法则说明了政府财政相对支出的增长具有许多合理因素，但其过度增长还是有可能有损经济绩效。从财政收入角度看，财政收入主要来自于税收，除一次性总赋税外，其他税收都会出于各种不同的原因扭曲资源配置，进而影响经济行为，因此，过多的税收必然会对经济绩效产生负面影响。从财政支出角度看，由于竞争不足，政府部门的效率在很多情况下不如私人部门，加之政府行为还存在着寻租与非生产性的可能，因此，政府部门支出的增长会通过挤占私人部门的资源对经济绩效产生负面影响。可见，政府财政支出对经济绩效存在着正反两方面的影响，为了提高经济绩效与社会福利水平，应该根据具体的社会经济环境，选择并保持一个最合适的政府财政支出规模。

中国财政部的一个资料指出，虽然近年来我国财政收入增长较快，财政实力不断增强，但我国财政收入占 GDP 的比重仍仅有 20% 多一点，与许多发达国家 30% ~ 40% 的水平相比，依然存在较大的差距，因此，为了全面建设小康社会，促进经济社会各项事业发展，政府财政收入仍然存在较大的增长空间①。诚然，从数据上看，中国政府财政收入的规模确实显著小

---

① 资料来自中华人民共和国财政部官网文章，http：//www. mof. gov. cn/zhuantihuigu/czjbqk/czsr/201011/t20101101_ 345416. html。

于许多发达国家的水平，但武断地将其作为进一步增长的依据有失偏颇。首先，这些数据的来源不同，统计口径就可能存在差异，其可比性自然较差。其次，发达国家的现有水平也并不一定是其最优水平，其参考性有待商榷。最后，即使上述两个原因都不存在，制度环境的差异也使得可比性大打折扣。中国的市场经济体制是在计划经济体制的基础上，通过渐进式的改革建立起来的，即使到目前为止，政府可以支配的资源除了财政收入以外，还可能包括一些国有企业与国有银行，如果把这些因素计算在内，其实际可支配的资源可能已经达到甚至超过了一些发达国家的水平，而政府财政相对支出规模也有可能已经超过了其自身的最优水平。因此，以中国的具体制度环境为基础，分析中国地方政府财政相对支出的最优水平，研究优化中国地方政府规模的具体对策，对于中国经济的可持续发展及社会福利改善具有重要意义。

二、公共服务供给不均等问题日见凸显

在经济高速增长与政府财政支出规模不断增加的同时，公共服务的供给不足及不均等问题反而日见凸显。提供公共服务，尤其是最基本的公共服务，是地方政府的必要职能之一，然而，以"GDP为纲"的经济发展思路令地方政府将这一职能放在次要地位。与此相反，随着经济的快速增长，居民对于基本公共服务的需求数量与质量不断提高。虽然近几年的发展思路有所转变，但前期积累的问题较大，因此，公共服务的供需矛盾及区域间的不均等问题依然严重。就基础教育而言，2011 年的普通小学生均教育经费，北京（24920.45 元）是河南（3316.26 元）的七倍还多，2011 年的普通小学生师比①，吉林（11.81 学生）只有河南（22.04 学生）的一半左右。就医疗卫生而言，2011 年的每千人床位数，北京（6.84 张）是贵州（2.54 张）的两倍还多，2011 年的每千人执业医生，北京（5.45 人）是贵州（1.07 人）的五倍还多②。类似的问题同样存在于社会保障与公共文化体育等方面。其实，这些问题都反映了政府结构的诸多方面都存在着优化

---

① 生师比为在校学生数比专任教师数，表示平均一个教师教多少学生。高生师比有可能影响教学质量。

② 以上数据整理自《中国统计年鉴》（2012）。

空间。

首先，财政支出结构的不合理是导致公共服务供给不足的直接原因之一。以财政性教育经费支出为例，2009 年的《中国统计年鉴》显示，2008年全国财政性教育经费支出为 9010.21 亿元，占支出总额的 14.39%，而一般公共服务支出（大概等同于行政管理费[①]）高于教育支出，达到了9795.92 亿元，占支出总额的 15.65%。同期的美国，其州及地方政府的教育支出占财政支出总额的 29.1%，行政管理费只占财政支出总额的 4.47%。虽然数据来源与统计口径不同，但如此之大的差距也足以反映我国财政支出结构不尽合理这一问题。随着发展模式的逐渐转变，公共服务供给逐渐得到政府重视，但供给不足的问题并未得到根本改善。2012 年的《中国统计年鉴》显示，2011 年全国财政性教育经费支出为 16497.33 亿元，占财政支出总额的 15.10%，一般公共服务支出为 10987.78 亿元，占财政支出总额的 10.06%，虽然一般公共服务支出已经低于教育支出，但仍占有较高的比重。总之，目前中国地方政府财政支出并未考虑居民的实际需求，其重点还不是公共服务的提供，不能有效地满足地区居民对于公共服务的需求。因此，考虑地区居民的实际需求，以满足需求为导向，优化中国地方政府财政支出结构十分必要。

其次，转移支付结构的不合理也是造成公共服务供给不均等的原因之一。转移支付的概念是在 1994 年实行分税制体制改革以后引入的，过渡期转移支付办法从 1995 年开始正式实施。转移支付制度的主要功能是降低不同地区的财力差异、实现地区间财力的基本均等，保障不同地区的居民都能够享有大致相同的教育、医疗卫生、社会保障和公共文化体育等基本公共服务，从而消除地区间公共服务水平差异给资源配置带来的负外部性影响（Oates，1999）。目前我国的转移支付主要包括四类：财力性转移支付、专项转移支付、税收返还和体制性补助。其中，发挥着降低地区间财力差距、实现地区间基本公共服务均等化作用的主要是财力性转移支付，其包

[①] 一般公共服务支出指政府提供基本公共管理与服务的支出，主要包括人大事务、政协事务、政府办公厅（室）及相关机构事务、发展与改革事务、统计信息事务、财政事务、税收事务、审计事务、海关事务、人力资源事务等 32 项事务性支出。有学者指出 2007 年及以后的一般公共服务支出大致相当于 2006 年及以前的行政管理费，但又不完全对应，因为新划分中的教育、科技、医疗卫生、社会保障等类别中也有行政费用性质的事务性支出。还有一些资料认为一般公共服务支出大概等同于行政成本加管理费用。

括一般性转移支付和民族地区转移支付等多种形式。税收返还和体制性补助实为旧体制的延续，是对既得利益的维持，具有明显的过渡色彩。专项转移支付服务于宏观政策目标，其重点应是教育、医疗卫生、社会保障、支农等公共服务领域，但因目前的核定方式并不规范，专项转移支付被截留、挤占和挪用的现象比较普遍，因此，还不能有效发挥其应有的均等性作用。从转移支付的组成结构看，1998～2001 年，税收返还占转移支付总额的比重平均为 62.1%，这是为了分税制的顺利推行，因此这一时期的转移支付也并未起到缩小地区间财力差异的作用（马拴友和于红霞，2003；尹恒、康琳琳和王丽娟，2007）。2003 年后，情况有所好转，转移支付开始更多地体现公共财政的理念，开始表现出关心公共服务均等化的倾向（尹恒和朱虹，2009）。但是，转移支付及其结构仍然存在较大的优化空间，而且"粘纸效应"的存在还要求其优化途径需要从其外部寻找。

最后，行政管理体制层级结构的不合理也在一定程度上影响了公共服务的供给。新中国成立初期，我国基本上保持着"省管县"、"地市并存"的局面。这种市县分治的结构使得城市的发展在一定程度上脱离了周围的农村。随着改革开放的推进，城市经济和规模得以快速发展，城乡差距与地区差距不断扩大。在此背景下，中共中央于 1982 年决定在经济比较发达的地区试行"市领导县"的体制，希望以经济比较发达的城市为中心，带动周围农村的发展。这种"市管县"的体制在实施之初确实起到了促进城乡共同发展的作用。但是，这种行政管理体制远没有达到当初所期望的目标。不仅如此，"市管县"体制的消极因素和负面影响反而凸显出来。一是在财政上，由于一些地级市的经济体较小，仅依靠自身财力不足以维持自身运转，因此，只能依靠行政手段，对下"抽血"、对上截留，从而损害了所辖县的利益，挫伤了县域经济发展的积极性。二是在职能上，地级市政府的职能定位不清，既不宏观也不微观，通常是从省里下放一点，从县里上收一点，从而干扰了县级政府的自治权能，导致县级政府被管得过死，缺乏活力。三是在效率上，"市管县"体制影响了信息传递的效率，影响了县级政府的自治权能，扭曲了资源配置，而且，增设的地级行政层级，还可能推动政府规模的膨胀。除此之外，许多学者也都从不同角度指出了这种"市管县"体制存在的问题。为此，许多省先后开始了"省管县"体制改革的试点工作。那么，"省管县"体制的有效性究竟如何，能否解决"市管县"体制下的各种问题，这是一个亟须考察的问题。

三、深化行政体制改革与建设服务型政府

改革开放以来，中国行政体制也处于不断地调整与改革之中，大致经历了 1982 年、1988 年、1993 年、1998 年、2003 年和 2008 年六次行政体制改革。同时，2013 年新一轮的行政体制改革也在稳步推进之中。中共十八大报告明确指出了这一次行政体制改革的具体目标，其中包括：严格控制机构编制，减少领导职数，降低行政成本；优化行政层级和行政区划设置，有条件的地方可探索省直接管理县（市）改革，深化乡镇行政体制改革；按照建立中国特色社会主义行政体制目标，深入推进政企分开、政资分开、政事分开、政社分开，建设职能科学、结构优化、廉洁高效、人民满意的服务型政府等。回顾历次行政体制改革不难发现，每一次改革都有其侧重，但历次改革几乎都包括精减人员、机构与优化结构的内容。显然，这种一次又一次的机构精简反映了政府规模总是陷入"精简—膨胀—再精简—再膨胀"的怪圈。造成这种现象的原因在于，每一次机构精简的方式都以简单地精减人员编制与机构数量为主，并没有深入考虑其内在原因，犯了头痛医头、脚痛医脚的毛病。

其实，人员编制与机构数量只是政府规模的一种外在表现，这种外在表现与政府规模的影响因素是存在于不同层面的两个东西。影响因素决定了政府规模，外在表现是政府规模的具体表现形式，影响因素通过决定政府规模影响着外在表现，两者只存在单向的决定关系，不存在相互影响。由此可见，简单地调整人员编制与机构数量只是临时改变了政府规模的具体表现，并未真正改变政府规模的影响因素，因此，简单精简掉的人员与机构还会以各种方式重新回来反映其应有的政府规模。从制度的角度看，人员与机构的精简并没有改变政府规模的稳定点（一种均衡状态），制度的稳定性必然要求长期下的政府规模回到其原来的稳定点。因此，只有通过调整影响因素来改变政府规模的稳定点，才能使长期下的政府规模自然而然地向新的稳定点不断调整。

目前，在政府财政规模持续膨胀的大背景下，新一轮的行政体制改革正在逐步推进。要想落实政府规模的优化，并按照中共十八大报告的要求建立人民满意的服务型政府，就必须在中国的具体环境下，分析中国地方政府规模的影响因素，并据此提出相应的优化对策。

第二节 概念界定与基本假定

本书的研究对象是中国地方政府，是从实证的角度分析其规模与结构的优化问题。整个研究主要涉及政府规模、政府结构、地方政府和最优标准四个主要概念，对这四个概念的理解直接影响着研究内容，并决定着研究的基本假定。因此，首先对这四个概念做如下分析与界定。

一、政府规模

1993 年的 System of National Accounts 指出，广义的政府是指包括履行政治职责、进行经济管制、生产公共物品，以及对收入和财富进行再分配在内的一切政府部门的总和①。对于政府规模的内涵，不同的学者也都有其独特的理解与表述。诺尔曼·吉麦尔（2004）认为完整的政府规模至少应该同时包括政府运用什么资源、政府支出多少、政府拥有什么、政府控制什么和政府生产什么这五个方面。Larkey（1981）认为政府规模就是政府的活动在多大程度上对个人或者组织产生了影响，这种影响既可能是预期的，也可能是非预期的。王玉明（1998）指出，政府规模是指以职能和权力配置为基础，按一定组织原则组成政府的各个具体组成部分的总和。张亲培（2004）认为，政府规模是以行政权力的作为与否为依据，以财政为支撑体系的政府活动区间、政府机构状态和政府财政规模。吕达和曹琨（2003）认为，政府规模是指在一定现实条件下，由相应政府职能（权力）、政府机构（人员）、政府行为成本共同决定的政府活动范围。杨迪和杨冠琼（2011）则从政府活动范围、政府行为过程和政府活动与行为的社会影响这三个维度讨论了政府规模这一概念。虽然学者对政府规模的内涵没有一个统一的表述，但大都指出了政府规模的两个层面：其一是内在规模，表现为政府所掌握的职能、所拥有的权力，以及对社会形成影响的能力与范围；

---

① 可以在其网站查询，System of National Accounts，http：//unstats.un.org/unsd/nationalaccount/sna.asp。

其二是外在规模，表现为政府机构的数量与结构，政府配置的人员数量，以及政府使用资源的总量。内在规模是政府规模的根本，外在规模是政府规模的具体表现形式，内在规模决定了外在规模，外在规模是内在规模的物质载体，与内在规模保持一致，随着内在规模的改变不断调整。

内在规模主要包括政府职能规模和与之相匹配的权力规模。政府职能一般是指政府对国家和社会公共事务进行管理时，依法所承担的各种职责和具有的所有功能。政府职能规模则是指这些职责和功能的数量及其复杂程度。政府权力通常是指行政权力，是政府履行其职能的依托，一些研究进而将行政权力占整个公共权力体系的比例和分量定义为政府权力规模。从政府职能来看，政府职能通常包括政治职能、经济职能、文化职能和社会职能四个领域。其具体内容在不同的历史时期具有不同的理论认识：亚当·斯密的"小政府"理论认为政府职能应该最小化，政府只应充当"社会守夜人"的角色；凯恩斯的"大政府"理论认为政府应该是社会经济的干预者，应该利用有效的政策工具影响经济的发展；Anderson 则从实用的角度提出了政府的七项基本职能，包括提供经济基础、提供各种公共服务、协调与解决团体冲突、维护竞争、保护自然资源、为个人提供最低标准的公共物品和服务，以及保持宏观经济稳定。政府职能和权力的不同情状使得政府行为对社会经济产生了不同程度的影响。这是政府规模的实质所在。

外在规模主要体现在政府机构规模、政府人员规模和财政支出规模三个方面。政府机构规模是指政府为实现其职能而设置的各级各类政府机构的数量和结构，纵向上体现为政府机构的层次数和机构内部的层次关系，横向上体现为管理幅度，即同一层次的机构部门数量。政府人员规模反映了政府为履行其职能所使用的人员数量，在我国，通常是指使用行政编制的党政群机关工作人员的数量，根据研究内容的需要，有时也指全部财政供养人员数量。财政支出规模是指政府运转所花费的资金数量，根据性质的不同一般可划分为两类：一类是用于提供公共服务，这类支出可以产生公共效益，具有生产性特征；另一类是维持政府自身正常运转的必要消耗，是政府运行的成本，具有非生产性特征。机构规模、人员规模与财政支出规模三者相互关联，共同构成了政府规模的主要外在表现形式。

由此可知，完整的政府规模由多个维度共同决定，准确完整地反映政府规模应该全面考虑每一个维度，尤其是反映政府实际社会影响力的内在规模这一维度。然而，一些难以定量测量的维度给实证研究带来了许多操作层面的困难。为此，许多学者从经济学的角度，选择了其中一个或者几个容易定量测量的外在规模进行实证分析，比如政府的财政收入与支出规模、政府人员规模、政府机构规模等。其中，使用政府财政收入与支出规模分析政府规模问题的研究最为广泛，即以政府财政收入与支出占 GDP 的比重来衡量政府规模。因此，本书也主要从政府的财政收入与支出规模出发，分析中国地方政府规模与结构的优化问题。不可否认，若从政府规模的完整内涵来看，这种处理方法必然无法全面体现政府规模的所有维度（杨迪和杨冠琼，2011；Higgs，1987）。但是，在通常情况下，当研究样本所处的文化背景和风俗习惯等因素相同或相似时，政府规模的不同维度之间通常会表现出较高的相关性。也就是说，较高的政府财政支出通常会摄取较高的社会资本，控制更多的社会资源，具有更强的资源配置影响力，同时会给社会带来较大的影响（Narayan，2005；Chang 和 Chiang，2009）。当然，有时相反的情况也可能存在。但是，这种情况基本属于个别案例，而且对同一个体而言，当这种情况所处的背景因素保持不变时，政府规模的不同维度之间同样可能存在着高度的相关性。这一关系说明，对于不同个体而言，虽然较低的财政支出规模同样可能令政府控制更多的社会资源，并对社会产生较大的影响，但对于同一个体而言，当各种其他背景因素保持不变时，完全可以预期当政府使用更多的财政支出时，会控制更多的社会资源，会对社会产生更大的影响。因此，与 GDP 可以有效反映一个国家的综合国力与财富水平类似，政府财政收入与支出的相对规模，在一定程度上也可以有效地反映政府规模的整体水平。基于此，本书做出如下假设：

假设一：在其他条件不变的情况下，政府财政收入与支出的相对规模同政府规模的其他维度之间存在显著的正相关性，政府的财政收入与支出规模，在一定程度上可以有效地反映政府规模的整体水平，这个指标是衡量政府规模的有效指标之一。

在该假设条件下，政府的财政收入与支出规模就可以作为政府规模的替代变量，衡量实际政府规模。用该指标研究中国地方政府规模与结构的优化问题，其结论是有意义的。

二、政府结构

结构也是影响物质性质的一个属性，比如石墨与金刚石都是仅由碳组成的，但其结构差异导致了两者性质的显著不同。结构是指系统内部各个组成部分之间的逻辑关系与作用方式，不同的逻辑关系与作用方式将形成不同的结构。那么，政府结构就是指政府各个具体组成部分之间的逻辑关系与作用方式。具体而言，政府结构主要表现为政府的组织机构结构、人员结构，以及政府的财政收入与支出结构。

政府结构与政府规模是反映政府状态的一对相互关联的概念，简言之，政府规模反映了政府的大小，政府结构反映了政府内部的逻辑关系。政府规模与政府结构之间存在着必然联系，政府规模的变化会引起政府结构的调整，政府结构的调整也会导致政府规模的改变。然而，两者之间又不存在线性的决定关系，而是表现为复杂的非线性关系，即同一规模可能表现出多种结构，同一结构也可能存在于多种规模之中。

由此可见，政府结构主要反映了政府各个组成部分之间的空间拓扑关系。与政府规模一样，政府结构也是由多个维度共同决定的。与政府规模不同的是，政府结构的几个维度之间并不存在较强的相关性，因此，不能像政府规模一样用其中一个容易定量测量的维度来反映其他所有维度，也很难将多个维度的信息简单地压缩到一个单维的连续变量之中。这一特征给实证研究带来了两个困难：一是很难一次性将政府结构某一维度下的所有取值纳入自变量的定义域内，因而很难通过一个模型估计出其最优值；二是由于各个维度之间不存在简单的线性相关关系，因而很难通过一个一般化的模型估计得到政府结构多个维度下的最优取值。为了应对第一个问题，本书将结构优化问题进行一些简化处理，不再从政府结构某一维度的全部取值中寻求最优解，而是通过比较该维度的有限取值，或者通过分析该维度对社会经济的影响规律，给出一个结构优化的基本原则或优化方向。对于第二个问题，本书决定选择几个关键的维度进行有针对性的分析，分别是：政府层级结构、政府财政支出结构和转移支付结构，其中又将政府层级结构和政府财政支出结构作为主要研究内容。

三、最优化标准

研究中国地方政府规模与结构的优化问题首先需要确定最优化目标，即判断最优的标准是什么，这是研究优化问题的必要前提。通常情况下，从不同的角度入手，优化的目标或者说是最优化的标准就会不同。当选择不同的优化目标时，通常也会得到不一样的优化路径与优化结果。中国地方政府规模与结构的优化目标或者说是最优化标准也有很多，至少可以包括：经济绩效、宏观经济平稳、社会经济发展、社会福利、社会公平，以及保护自然资源与环境等。由于每一个目标之间并不完全相容，因此，选择不同的优化目标，就会形成不同的优化路径与优化结果。显然，最理想的优化结果是可以同时考虑全部的优化目标，或者是可以同时考虑尽可能多的目标，但是，多目标优化问题的复杂性要远高于单目标的优化问题，而且多目标优化问题的最优解是否存在，或者是否唯一，都是需要探讨的问题。如果多目标的优化问题不存在最优解，那么，努力寻找到的最优解就可能存在严重扭曲（杨迪和杨冠琼，2011）。如果多目标优化的最优解并不唯一，而形成了一个解集空间，那么，最终的优化路径只能由决策者在一组解集空间中做出折中的选择，而这一折中选择实际上也直接影响了最优目标的设定。

就地方政府规模与结构的优化而言，考察各种优化目标可以发现，一些目标之间存在一定的相容性，比如经济绩效和宏观经济平稳，一些目标之间可能存在不同程度的不相容性，比如经济绩效与社会公平，还有一些目标之间的关系并不十分明确，比如经济绩效、社会经济发展与社会福利。分类考虑这些优化目标，可以发现目标之间的不相容性基本源于"效率"与"公平"之间的权衡取舍。因此，最优标准的选择首先要在"效率"与"公平"之间选择其一。比较"效率"与"公平"两类优化目标可以发现，"效率"明显更具优势。一是与"公平"相比，"效率"范畴的优化目标通常客观性较强，更容易对最优与否做出较为统一的评判。二是"效率"范畴的优化目标更容易定量测量，这是实证研究的必要条件。三是个别"效率"范畴的优化目标与一些"公平"范畴的优化目标同样具有一定程度的相容性，例如，较高的绩效虽然可能导致公平程度下降，但绩效的提高有可能改善社会中每一个人的福利，只是福利改善的速度与幅度有所不同。当然，也要关注社会公平对社会稳定等问题的影响。综合来看，本书还是选择"效率"范畴的经济绩效（通常用 GDP 衡量）作为中国地方政府规模与结构优化的判断标准。该指标不仅客观性强、容易定量测量，而且与其他效率目标存在较高的相容性，甚至与一些"公平"范畴的优化目标也存在较高的相容性，比如 GDP 与 HDI（人类发展指数）之间就存在高度的正相关性（钱颖一，2005）。据此，本书做出如下假设。

假设二：从效率的角度出发，经济绩效与其他以效率为范畴的目标，甚至一些以公平为导向的目标，均存在较高的相容性，可以综合反映更多的优化目标。

在该假设条件下，本书得到的优化结论，不仅可以促进经济绩效最大化，而且还可能最大限度地保障宏观经济的平衡运行、社会经济的高速发展，以及社会福利的不断改善等多个目标。因此，按此最优化标准优化中国地方政府规模与结构可以满足实际需求。

四、地方政府

在中国，地方政府是一个管理国家行政区划事务的政府组织的总称。地方政府是相对于中央人民政府（在联邦制国家，即称"联邦政府"）而言的各级人民政府，在我国全称为"地方人民政府"。我国宪法第95条规定：省、直辖市、县、市、市辖区、乡、民族乡、镇设立人民代表大会和人民政府。与中央政府相比，地方政府只具有有限的权力，比如地方的部分税收政策与实行有限的立法等。

一个国家的地方政府通常可以包含多个层级，中国地方政府亦是如此。自20世纪50年代开始至20世纪80年代，除直辖市以外，中国地方政府层级是以三级为主（省、县和乡）、四级并存（省、地、县和乡）的局面，20世纪80年代以后，转为以四级为主、三级并存的局面，但也有一些例外情况。在中国的省级地方政府中，自治区和特别行政区比其他省级地方政府具有更大的权力。

从政府职能的角度看，各级政府应该主要负责提供相应范围的公共服务。中央政府主要负责提供全国性公共服务，比如国防、经济体制、自然资源和环境等；地方政府则主要负责提供地区性公共服务，比如教育、医疗卫生、社会福利、治安和城市建设等。中国在1994年分税制以后，中央政府与地方政府的财权与事权开始逐步明确与规范，地方政府开始越来越多地担负起与居民生活息息相关的职能。由此可见，地方政府的规模、结构与行为是影响地区经济发展与居民福利的重要因素。这也是本书以地方政府为研究对象的原因之一。

以地方政府为题，并不是要研究每一级地方政府规模与结构的优化问题。中国的统计数据以省级数据最为丰富且质量较好，因此，主要以省级地方政府为研究对象。但在层级结构优化问题中，因研究问题的特殊性，需以县级地方政府为研究对象。为此，本书以地方政府这一个概念来囊括省级与县级这两个层级的地方政府并作为研究对象。

第三节　研究内容与意义

一、研究内容

中国地方政府规模与结构优化所涉及的内容与问题十分丰富，本书无意也不可能研究所有与此有关的内容，只是针对其中比较关键且相对核心的问题进行较为深入的分析，主要包括以下内容：一是从历史角度考量中国地方政府规模的演进；二是估计中国地方政府最优规模；三是估计"省直管县"体制的净效应，分析中国地方政府层级优化的选择方向；四是考察公共服务的供需关系，探寻中国地方政府财政支出结构的优化对策；五是分析影响中国地方政府规模的内在因素，为其调整提供理论依据与政策建议。

自上而下的垂直监督一直是监督中国地方政府的主要形式，水平监督机制并未发挥实质作用，在这种激励机制下，财政体制及其他影响上级政府监督能力的制度成为影响地方政府行为与规模的主要因素。因此，两次重要的财政体制改革使得中国地方政府财政规模发生了两次明显的变化。从财政支出的角度看，地方政府规模在改革开放以后呈现出逐渐下降的走势，从20%左右持续下降至5%左右，但在分税制改革以后，地方政府规模表现出不断膨胀的趋势，2011年已经达到了10%以上，加上中央政府，中央与地方政府财政相对支出已经达到了20%以上。然而，从统计数据的角度看，我国财政支出的相对规模依然低于许多发达国家，甚至低于一些发展中国家。这一差异是否正常？应该如何理解这一差异？以及中国特殊制度环境下的地方政府行为及规模有何特征？为了更加准确与科学地理解这些问题，本书将从历史的角度对中国地方政府规模与行为的演进进行考量，这对进一步分析中国地方政府规模与结构优化的相关问题具有重要的基础性意义。

　　优化地方政府规模，首先需要知道最优的地方政府规模是什么。只有明确了最优的地方政府规模，才有可能对其进行优化。其实，政府最优规模一直是学界关注的焦点。理论认识大致经历了从"小政府"到"大政府"，再到"有限政府"的过程。在理论发展的过程中，相应的经验检验也十分丰富，大致形成了三类估计模型：第一类是基于 Barro（1990）理论框架并由 Karras（1996）形式化的估计模型，Barro 通过引入一个政府支出边际产出的概念，将政府规模与经济绩效之间的非线性关系简化为政府支出边际产出与经济绩效之间的线性关系，进而可使用线性回归模型估计政府的最优规模；第二类是引入二次项的线性回归模型，或基于各种非线性回归方法的估计模型，这类方法假设政府规模与经济绩效之间存在"倒 U 型"的二次函数关系，并在此基础上进行估计；第三类是基于各种分段估计方法的回归模型，这类模型假设政府规模与经济绩效之间存在不连续的变化，因而使用门槛回归或其他分段回归方法进行估计。在这些模型的基础上，国内许多学者估计了中国政府的最优规模，但并未取得较为一致的结论。其原因存在于模型选择、估计方法、样本空间与数据结构等多个方面。为了能够获得一个符合中国实际的估计模型与方法，本书将在相同的样本空间与数据结构下，比较三类模型的特点与估计结果，一是可以获得更为稳健的中国地方政府最优规模，二是可以找出适合中国实际的估计模型与方法。这为优化中国地方政府规模与结构提供了必要的目标基础。

　　结构优化至少反映在垂直方向上的行政层级结构与水平方向上的政府财政支出结构这两个方面。就行政层级结构而言，"省直管县"体制的有效性是当前学界与社会各界关注的焦点。目前，全国大部分省都开展了"省直管县"体制的试点工作，应该对试点的效果进行检验。对于一个理想化的实验，政策的实际效果可通过考察试点样本与非试点样本的差异或试点样本前后的差异进行检验。然而，"省直管县"体制的试点工作属于一种自然实验，或称为准实验，与理想化的实验相比，自然实验存在更多的不可控因素，这些因素都有可能改变实验的结果。例如，实验样本的非随机选择会导致实验结果依赖于样本的具体特征。再如，实验环境的不可控性会导致实验结果依赖于一些不可观测或难以测量的环境因素。因此，直接比较试点样本与非试点样本的差异或试点样本前后的差异，都不能得到政策本身的净效用。为了消除这些因素对实验结果的影响，本书将从自然实验的角度出发，利用双差分（Difference in Differences）方法检验"省直管县"体制的净效用，分析其是否能解决"市管县"体制下的各种问题，以及是否能有效激励县域经济发展。这是优化地方政府结构的一个重要内容。

　　具体到某一级地方政府，其财政支出结构也是结构优化的主要内容。中国特殊的制度环境下，政府仍是公共服务的主要供给者，政府财政支出结构的合理性直接关系着居民从公共服务中所能获得的效用，进而会影响经济绩效。在财政支出规模既定的前提下（如最优政府规模），最大限度地满足居民需求就是优化支出结构的一个关键目标。分析需求的满足程度首先要了解真实需求。然而，公共服务的真实需求并不能通过价格机制来反映，这是因为非排他性会使得每一个居民都有为了"搭便车"而隐藏自身偏好的动机。为此，许多学者研究并设计了不同约束条件下获取真实偏好的机制与方法，比如"用脚投票"模型、中间投票人定理、密封投标递价法和或有估价法等。由于中国特殊制度环境的约束，本书将在中间投票人定理的基础上，利用 Borcherding 和 Deacon（1972）模型估计中国公共服务的拥挤性，分析供给结构中存在的问题，并指出优化供给结构的方向与相应对策。这是优化地方政府结构的另一个重要内容。

　　当前的地方政府规模与结构是现行制度环境与内在影响因素下的均衡状态，其优化应该是改革相应的影响因素，而不是简单硬性地调整一些外显表征，即应该通过调整内在影响因素进而改变制度的均衡状态，最终引导规模与结构主动向新的均衡状态不断调整。具体而言，这些内在影响因素通常包括财政分权程度、转移支付的水平与结构、对外开放程度和城镇化水平等。不可否认，分析这些制度因素与政府规模关系的研究已经十分丰富，但现有研究大都忽视了政府规模变动的一个重要特征，即政府规模变动的连续性。政府规模的演进实则表现为一个持续的动态调整过程，在没有战争、自然灾害或重大社会改革时，政府规模的变化通常不会表现出跳跃性的特征，因而显示出较好的连续性。因此，政府规模的历史水平及其组合同样是影响当前及未来政府规模的重要因素。这一因素的存在会产生政府规模的内生性问题，忽视这一因素必然导致研究所用的模型与估计方法不尽合理甚至错误，从而引起分析结果的偏误。因此，本书将充分考虑政府规模的动态调整特征，构建一个政府规模内生条件下的影响因素模型，采用系统广义矩估计法分析这些影响因素的作用方式与大小，考察地方政府规模之间的相互影响及其动态调整关系，以及与此相关的一些问题，比如地方政府规模是否存在收敛性。这为具体如何实现地方政府规模与结构的优化提供了定量的理论依据。

最后，本书在以上研究结论的基础上进行一个简要的总结，并在这些结论的基础上为中国地方政府规模与结构的优化提出一些宏观层面的政策建议。

二、研究意义

在以上五个研究主题之中，本书最重要的创新之处主要体现在三个方面：一是利用双差分模型分析"省直管县"体制的有效性，并以福建省为对照组，浙江省为实验组，估计得到了"省直管县"体制对于浙江省经济绩效的净效应；二是从居民实际满足程度出发，以公共服务的拥挤系数为依据，分析地方政府财政支出结构的问题，并提出相应的优化对策；三是在政府规模内生性的前提下，构建了政府规模的影响因素模型，并利用系统广义矩估计法对动态面板模型进行估计，从而得到了各个影响因素的无偏估计量，考察了中国地方政府规模的动态调整过程，分析了中国地方政府规模之间的相互关系及其收敛性特征。除这三个方面之外，本书在相同样本空间下比较并筛选适合中国地方政府的最优规模估计模型，以及从缺少完善监督机制的视角梳理中国地方政府规模的历史变迁与现状，同样具有重要意义。

整体而言，本书的意义可从理论与实践两个角度概括。从理论角度看，本书可以丰富并明确地方政府规模与结构优化的相关基础理论，为进一步探索影响政府规模的因素及其相关理论提供新的实证检验证据。

从实践的角度看，本书有利于提高政府的行政效率，促进政府行政的有效性，对我国建设资源节约型社会与和谐社会有着积极的推动作用，而且为经济社会各个方面的可持续发展提供了重要的理论基础与经验支持。同时，也可以为我国的政府机构改革提供一定的理论支持与依据。明确最优的地方政府规模及其优化路径，帮助我国政府机构改革跳出"精简—膨胀—再精简—再膨胀"的怪圈。因此，本书期望在理论与实践这两个方面做出努力，优化我国地方政府的规模与结构。

第二章 国内外研究现状

政府规模与结构一直是学界关注的焦点，相关的研究十分丰富。根据本书所涉及的内容，主要从以下六个方面对现有的研究进行一个简单的梳理：政府规模与结构优化的理论框架、政府行为性质的实证检验、政府最优规模估计模型、自然实验中政策有效性的检验、政府财政支出结构优化和政府规模的影响因素。

第一节 政府规模与结构优化的理论框架

有关政府规模的早期讨论主要是考察政府行为是否是生产性行为。如果政府行为是生产性的，那么扩大政府规模就有利于经济增长。相反，如果政府行为是非生产性的，那么政府规模的扩张就不利于经济增长。具体而言，对于最优政府规模的理论认识大致经历了一个从"小政府"到"全能政府"，再到"有限政府"的过程。

首先，亚当·斯密的观点认为，所有的政府行为均属于非生产性行为。因此，政府规模的扩张必然会与私人部门产生竞争，争夺更多的劳动力与资本等生产要素，从而减少原本从事生产性行为的劳动力与资本等生产要素，进而影响经济的增长。这说明政府行为与经济绩效之间是相互替代的关系，政府规模的扩张对经济绩效产生了挤出效应。但是，亚当·斯密同时认可，市场作为资源配置的一种机制，其有效性依赖于政府对这种机制的创建与维护。因此，他主张保持政府规模的最小化。他认为：政府规模应该仅限定在创立市场机制、维护市场秩序、保持市场机制正常发挥作用的范围之内，而不应该干预经济本身的运行；一切的经济活动都应该由市场机制这只"看不见的手"来调节，应该尽量避免政府行为对社会经济的任何干预；政府应该尽可能地缩小自身的活动范围，只充当"社会守夜人"的角色。可见，这种关于政府规模的观点其自身就存在着一定的矛盾，一方面假设政府行为的非生产性，否定政府行为在促进经济绩效上的作用，另一方面又肯定市场在促进经济绩效时离不开政府的存在与支持。

20世纪30年代，严重的经济危机使亚当·斯密的政府规模最小化理论受到了来自现实的挑战。为了摆脱经济危机，许多学者开始对政府规模最小化理论产生怀疑，并认为政府应该提供有效的政策工具尽快帮助社会走出经济危机。于是，凯恩斯提出了与亚当·斯密完全相反的观点。他认为经济危机的出现源于完全竞争市场经济下的有效需求不足。为了避免或者有效摆脱经济危机，还有赖于政府对宏观经济的积极调控。因此，他提出了干预型大政府理论，认为政府需要对宏观经济进行全面的干预和调控，避免并治理经济危机，认为政府不应该仅是社会经济的"守夜人"，更应该是社会经济的干预者，应该利用有效的政策工具影响经济的发展。然而，20世纪70年代以后，美国等西方资本主义国家经历了凯恩斯的"大政府"理论自身无法解释的"滞胀"现象。因此，这一理论同样受到了理论与现实的共同挑战。

在亚当·斯密的"小政府"理论与凯恩斯的"大政府"理论都经受了现实的挑战时，许多学者就开始关注政府与市场之间的平衡点。艾哈德在这方面做出了较大的贡献。他在《来自竞争的繁荣》一书中全面系统地阐述和发展了新自由主义学派的社会市场经济理论。他既不同意漫无限制的自由放任，也不赞成严酷无情的政府管制，而是认为应该在绝对自由和极权主义之间寻求一条中间道路。他认为经济的增长需要市场机制的自由竞争，而政府应当为市场经济的顺利运行创造必要的条件和适宜的环境。这些条件和环境包括不偏不倚地确保竞争规则，提供各种市场无法提供的公共物品，以及稳定货币与物价（艾哈德，1983）。然而，艾哈德并没有从理论上明确地指出如何确定中间道路的具体位置，即中间道路的决定条件，比如政府提供公共服务最优数量的决定条件是什么。

庇古的观点也介于亚当·斯密与凯恩斯之间，并初步提出了政府最优规模的理论框架。他首先放弃了政府行为生产性与否的判断，而是从政府行为如何影响个人效用或私人组织效用的角度来判断政府行为的性质。因此，他摆脱了亚当·斯密观点的矛盾性。在他看来，政府应该提供市场本身无法提供的公共物品。这些公共物品包括创立和维护市场秩序的正常运行、纠正由市场机制引起的各种不良行为、解决市场机制下的自由竞争所带来的各种正外部性与负外部性问题等，这些都有利于个人效用或私人组织效用的提高。在此基础之上，他指出，对于一个社会来说，当公共服务产生的社会边际效用等于由赋税所带来的社会边际效用损失时，公共服务的供给规模就是最优的。这可以看作是政府最优规模理论的初步框架。

在此之后，新古典学派与公共选择学派分别从政府行为的生产性角度与政府行为的非生产性角度完善并发展了庇古关于政府最优规模的理论框架。其中，以 Musgrave、Bowen 和 Samuelson 等为代表的新古典经济学家从政府行为的生产性角度出发，提出在市场经济中政府的主要职能是提供公共物品、消除各种正负外部性、稳定宏观经济与维护公平。而以 Buchanan 等为代表的公共选择学派从政府的非生产角度出发，认为政府如同私人领域的行为者一样，也是追求自我效用最大化，总是试图利用公共权力谋取自身利益。因此，政府在提供公共物品，以及尽其应尽职责的同时，也必定会因为谋取自身的利益而损害社会的整体福利。由此可见，庇古关于政府最优规模的理论框架体现为政府活动对于经济绩效的双重效应。从积极的角度看，政府为市场提供了各种必要的公共服务，比如法律体系、产权与合约的实施、各种标准体系、基础设施、公共安全、公共卫生、教育等，这些能够提高私人部门的生产率。从消极的角度看，政府提供各种公共服务的资金依赖于一定的税收收入，而除了一次总赋税外，其他所有的税收都会由于各种各样的原因扭曲资源的配置，从而对经济绩效产生消极的影响。因此，政府规模对经济绩效的积极作用具有边际效益递减特征，随着政府规模的不断扩大，政府行为的生产性特征会逐渐降低并最终表现出非生产性特征。因此，政府活动对于经济绩效的影响应该存在着一个正负效应相等的点，这就是政府最优规模的决定条件。

第二节　政府行为性质的实证检验

政府规模的理论分析留下了许多需要进行实证检验的问题。政府行为的生产性与否就是其中之一。包括亚当·斯密、凯恩斯、庇古的观点在内，目前有关政府行为生产性与否的观点主要有三种。

第一种观点是先验地认定政府的某类支出或行为是生产性支出或非生产性支出。比如，Barro（1990）认为国防支出有助于产权的保护，教育支出属于人力资本投资的一部分，这些均有助于个人效用或私人组织效用的提高，因而属于生产性行为。然而，也有一些学者先验地认为这些支出依然是非生产性的（Grier 和 Tullock，1989）。

第二种观点认为先验的划分并不合适，需要通过实证检验来确定。具体来说，就是根据政府某类支出在稳定状态时的实际影响来确定该支出的性质。一般认为如果一种支出与经济增长正相关，则认为它是生产性支出，否则就认为它是非生产性支出。比如，Davarajan 等（1996）认为，如果政府的某类支出在财政总支出中的比例扩大能够提高稳定状态时的经济增长率，那么这种支出就是生产性支出，否则就是非生产性支出。这种观点通常认为，政府消费是非生产性的，而政府投资是生产性的。但需要注意的是，实证检验经常由于样本的不同，导致不同的结果，因此，即使是属于政府消费的行政管理费，在某些情况下，如果可以促进稳态时的经济绩效，也应将其视为生产性支出（Devarajan、Swaroop 和 Heng – fu，1996）。

第三种观点则认为政府的各种支出根本不存在是否为生产性行为的问题，主张每种支出对经济增长的效应都是非线性的，当其处于较低水平时，均表现为生产性行为，当其超过某个临界值时就表现为非生产性行为。

那么，这些关于政府行为性质的观点哪一个更为合适？为了从经验的角度检验政府行为生产性与否的各种观点，许多学者对此进行了大量的实证研究。然而，检验的结论并不一致。从整体支出的角度考察，不少结果显示出政府规模与经济绩效之间存在负相关关系[①]（Dar 和 AmirKhalkhali，2002；Landau，1983；Engen 和 Skinner，1992；Folster 和 Henrekson，2001）。其原因主要来自两个方面：一是政府规模对经济绩效的积极作用具有边际收益递减的特征，当政府规模扩大到一定程度时，政府规模就会有损于经济绩效；二是政府规模的扩大对私人投资产生了一定的挤出效应。同样有许多学者得到了相反的结论，认为政府规模与经济绩效之间存在正相关关系（Ram，1986；Kormendi 和 Meguire，1986）。其原因至少来自三个

---

① 不同文献中使用的衡量政府规模的指标略有不同，如 government expenditure、government spending、government outlays 等，不同指标所包含的政府支出项目略有不同。

方面：一是政府规模的扩大可以强化政府对产权的保护；二是公共支出的增加激励了私人的投资，从而促进了经济绩效；三是支出的增加提供了足够的公共物品，改善了私人的投资环境。

各种实证检验结果的不一致，就促使了学者从政府支出的不同类别来考察政府规模与经济绩效的关系，即利用政府规模的不同测量指标来讨论两者之间的关系。其中最为普遍的分类方式是从政府消费性支出、政府投资性支出、政府非生产性支出的角度衡量政府规模。然而，这样的处理方式依然没有得到较为统一的检验结论。Grier 和 Tullock（1989）、Aschauer（1989）、Barro（1991）等发现，包括基础设施建设在内的政府投资性支出与经济绩效之间显著正相关，而政府消费性支出与经济绩效之间不存在显著关系或者说显著性水平较低。Lin（1994）分别用"政府消费性支出占GDP 的比重"与"政府非生产性支出占 GDP 的比重"来衡量政府规模，发现在短期内两种指标下的政府规模对经济绩效都存在积极影响，但是中期下并不存在这种关系。还有一些检验结果显示，没有证据表明政府投资对生产率具有显著的正效应，其对经济增长的作用并不确定（Hulten 和 Schwab，1991；Gramlich，1994）。Gallaway 等（1998）则认为，各种衡量指标下的政府规模与经济绩效都存在着负相关关系。

各种实证检验的不一致性使得识别政府支出是否是生产性行为的努力基本上以失败而告终。因为，即使是针对同一个测量指标的检验，在不同的样本下，甚至同一样本的不同时期中，所得到的检验结果都有可能不一致。这就引发了关于政府规模与经济绩效之间关系的另一种猜测，即政府支出的所有类型都存在庇古效应，即存在一个点，使得公共物品的社会边际收益等于赋税的社会边际损失。因此，Armey（1995）就利用"拉弗曲线"的形式来描述政府规模与经济绩效之间的关系，认为政府规模与经济增长之间也呈现出一种"倒 U 型"的非线性关系。当政府规模较小时，政府规模的扩大可以促进经济绩效，当政府规模超过某个临界值时，政府规模的扩大就有损于经济绩效。这说明，只要设置合适的模型，就有可能找到使得经济增长速度最大化的最优政府规模。Vedder 和 Gallaway（1998）将这种非线性关系称为"Armey 曲线"，并对其进行了实证检验，结果发现只有用政府总支出占 GDP 的比重，或者政府净投资占 GDP 的比重来衡量政府规模时，才存在"Armey 曲线"。

还有一点需要指出，虽然在假设二的前提下，本书以经济绩效作为最优模型的判断标准，但也正如前文所述，经济绩效并不是唯一的目标或标准，除此之外还有许多，社会福利就是其中之一。因此，许多学者也关注政府规模与社会福利之间的关系。Tanzi 和 Schuknecht（1997）利用人类发展指数排名、收入最低的40%人口的收入份额、文盲率、中学入学率、平均寿命、婴儿死亡率、犯罪率、离婚率和移民率等多个指标来反映社会福利的情况，并对世界主要国家1870~1990年的数据进行分析，其结果显示，政府规模的扩大并不一定能够有效地改善社会福利，30%左右的政府规模（政府支出占GDP 的30%）就可以提供足够好的社会福利。因此，与"小政府"（政府花费占 GDP 的20%~30%）相比，大政府（政府花费占 GDP 的40%~50%）并不一定能够创造更大的社会福利。Scully（2001）利用平均寿命、婴儿死亡率、文盲率、家庭大小、公路占有率、人均电话量、人均病床数、犯罪率等16 个指标来反映生活质量，并对112个国家的数据进行了非线性估计，从而获得了以社会福利最大化为目标的最优政府支出规模，发现不同的国家之间存在着较大的差异，其结果从美国的政府消费占 GNP 的3.7%到葡萄牙的8%各不相等。Bjornskov、Dreher 和 Fischer（2008）利用73个国家的截面数据，对影响人们生活满意度的多种因素进行了实证检验，结果发现政府消费与生活满意度之间存在着负相关关系。Davies（2009）使用100多个国家的面板数据，并以人类发展指数（HDI）衡量社会福利水平，检验了以社会福利为优化目标的最优政府规模，结果发现使用 HDI 作为优化目标时的最优政府规模明显大于使用经济绩效时的最优结果。

第三节　政府最优规模估计模型

"Armey 曲线"描述了政府规模与经济增长之间的"倒 U 型"关系：当政府规模较小时，政府规模的扩大可以促进经济绩效，当政府规模超过某个临界值时，政府规模的扩大就有损于经济绩效。因此，一些学者就通过实证检验的方法来估计政府最优规模。Scully（1994）遵循庇古的基本理论框架，从"拉弗曲线"的角度建构实证模型，对美国1929~1989年的时间序列数据进行了估计，其结果表明，如果用税收占 GNP 的比重来衡量政府规模，美国的最优政府规模在21.5%~22.9%。Scully（1996）在类似的框架下对新西兰1927~1994年的时间序列数据进行了检验，发现新西兰的最优税收规模约为GDP的20%。在最优规模下，新西兰的经济增长率将达到5%，但是新西兰的实际税收规模大于20%，因而实际经济增长率只有3%。Vedder和Gallaway（1998）利用美国1947~1997年的相关数据，通过在回归方程中引入二次项的方式，对"Armey曲线"的存在性进行了检验，估计结果显示这一时期的美国政府最优规模为GDP的17.45%。

　　除了通过引入二次项的方式估计政府最优规模，Barro（1990）在假设政府活动是生产性的基础上分析了内生经济增长模型中的政府支出，并获得了政府最优规模的实证判断标准，即当政府支出的边际产出等于1时（MPG = 1）的政府规模就是最优的政府规模。当政府支出的边际产出大于1时（MPG > 1），政府规模偏小，此时1单位的政府支出可以创造出大于1单位的实际产出，应该增加政府支出。当政府支出的边际产出小于1时（MPG < 1），政府规模偏大，此时1单位的政府支出不能创造出1单位的实际产出，应该减少政府支出。这一实证判断标准已经成为判断政府最优规模的经典，并引发了大量基于该判断标准的实证模型与相应的检验结果。Karras（1993）利用18个国家的数据，对Barro提出的判断标准进行了具体的实证检验，这些样本的检验结果显示出政府的最优规模约为GDP的20%。基于类似的方法，Karras（1996）对118个国家的估计结果表明，非洲国家的政府规模偏大，亚洲国家的政府规模偏小，样本内平均的最优政府规模约为GDP的23%，OECD国家平均的最优政府规模约为GDP的14%，南美国家平均的最优政府规模约为GDP的33%。除此之外，Karras（1997）还对欧洲国家的样本进行了估计，结果表明欧洲国家的平均最优政府规模约为GDP的16%。

　　用线性回归的方式估计政府规模与经济绩效的非线性关系，虽然估计方法简单明确，但需要对原非线性关系进行一定程度上的调整，这属于对非线性关系的一种转换，并不是一种直接的估计方法。为了能够直接估计这种非线性关系，有不少学者利用非线性回归方法或者某些分段回归方法来估计政府的最优规模，比如"门槛回归"（Threshold Regression）就是其中之一。Chen和Lee（2005）利用"门槛回归"对"Armey曲线"的存在性进行了检验，分析了中国台湾地方政府规模与经济增长之间的关系，发现以政府消费来衡量政府规模时，政府规模是一个分段变量，具有显著的"门槛效应"，其最优估计值大约为22.839%。Abounoori和Nademi（2010）同样利用"门槛回归"的方法估计了伊朗的最优政府规模，其结果是，如果分别以政府总支出占 GDP 比重、政府消费占 GDP 比重和政府投资占 GDP 比重来衡量政府规模，那么最优政府规模分别为 34.7%、23.6% 和 8%。杨友才和赖敏晖（2009）同样采用"门槛回归"的方法对中国是否存在"Armey 曲线"进行了检验，结果发现政府财政支出规模存在明显的"门槛效应"，而且符合存在"Armey 曲线"的理论预期，其最优规模约为11.6%。陈创练和陈国进等（2010）用"门槛回归"的方法估计了中国政府消费的最优规模，其结论是以政府消费衡量政府规模时不存在"Armey 曲线"，但政府消费规模存在"门槛效应"，而且是存在多重的"门槛效应"，其中单一"门槛效应"反映的最优政府消费规模约为 13.74%。

　　如上所述，检验政府规模与经济绩效之间的非线性关系，并估计最优政府规模的方法主要有三种：一是在线性回归模型中引入二次项，并根据估计的结果换算出最优的政府规模；二是利用"Barro 法则"和 Karras 导出的实证检验模型估计最优的政府规模；三是直接使用各种非线性回归方法估计最优的政府规模，在这类方法中，"门槛回归"模型最为常见。在国内，利用这三种方法分析中国最优政府规模的研究同样十分丰富。戴广（2004）通过构建一个不同经济发展水平下的地方政府与中央政府的增长模型，考察了政府规模对一个国家区域经济收敛的影响，认为政府规模和人均产出的收敛速度呈"倒 U 型"的关系。但是，钟正生和饶晓辉（2006）通过构建一个包含二次项的线性回归方程估计中国的最优政府规模，结果发现中国的政府规模与经济增长之间并不存在"倒 U 型"的关系。其原因可能来自两个方面：一方面是中国政府规模的经验数据还不足以呈现出完整的"倒 U 型"关系；另一方面是包含二次项的模型设置存在一些问题或模型设置中缺少必要的控制变量，从而使得估计结果存在偏误。孙群力（2006）采用与 Karras（1996）类似的估计方法，对中国 28 个地区 1978 ~ 2004 年的面板数据进行了估计，结果得到中国的最优政府规模大约为 10%，小于中国实际的政府规模。蔡芸和杨冠琼（2010）采用类似的方法，从人均的角度对中国各地区 1978 ~ 2005 年的面板数据进行了检验，结果发现中国地方政府一般性财政支出与政府消费的平均最优规模分别为人均 GDP 的7% 和 4.1% 左右，都低于当前地方政府规模的实际平均值。类似的研究还有许多，就不在此一一赘述了。

　　可见，政府最优规模的估计模型或方法有很多，得到的结论也各不相同。即使运用同一种模型或方法，对于不同的研究对象或同一研究对象的不同时间样本，得到的结果仍然可能存在显著差异。那么，就中国地方政府而言，应该选择哪种模型或方法？应该接受哪种模型或方法得到的估计结果呢？为了解决这一问题，本书将在相同的样本空间与数据结构下，分别运用多种不同的估计模型与方法，估计并比较中国地方政府的最优规模，分析最适合中国地方政府的估计模型与方法。

第四节　自然实验中政策有效性的检验

由于结构优化的特殊性，对于纵向的行政层级优化，本书主要考察"省直管县"体制改革的有效性，分析"省直管县"体制下的层级结构是否优于"市管县"，检验其是否能通过激励县域经济促进经济绩效。

检验政策的有效性，比较理想的方法是采用实验的手段。这里的实验是指理想化的随机实验。其核心是随机地从总体中选择一部分个体，对其实施政策处理，进而考察处理个体与未处理个体之间的差异，分析其中的政策效果。实验的过程中，完全随机地选取处理的个体是确保分析结果无偏的关键。如果处理个体的选取不是随机的，而是按照个体的某些特征或个性进行选择，那么很难区分处理个体与未处理个体间的差异是来自实验的政策，还是来自处理个体所共有的某些特征。比如，在检验某一新化肥是否对粮食增产有效时，如果与未使用新化肥的实验田相比，使用新化肥的实验田都能获得更为丰富的阳光和水分，那么最终的增产究竟是来自新化肥的效果，还是来自丰富的阳光与水分，或者说来自新化肥的净效果有多大，这就很难区分与计算。

由此可见，设计一个真正的理想化的随机实验十分重要。但是，为了检验某一政策的有效性，在社会经济中进行一次真正的随机实验，不仅成本高昂，而且还可能影响被试者以后的发展，存在着许多道德问题，通常是不可行的。"省直管县"体制改革也不例外，"省直管县"体制改革其实表现为一个自然实验，或者称为准实验（Quasi-Experiments）。自然实验不同于精心设计的理想化实验，其面临着许多内部有效性威胁（Campbell，1957；Campbell，1969；Campbell 和 Stanley，1966），以及实验结论难以推广到其他总体的外部有效性威胁（Cook 和 Campbell，1979）。Meyer（1995）

从经济学的角度讨论了这些威胁，比如随机化失败、未真正处理、样本个体损失、实验效应、样本不具有代表性、一般均衡效应和资格效应等①。针对这些威胁，Meyer（1995）提出了一些应对的分析工具。其中，以含有控制变量的"双差分"（Difference in Differences）模型最为经典。该模型不仅控制了由被试个体的可观测特征引起的估计偏误，还控制了一部分由不可观测因素引起的有偏性，同时还可以纠正由系统性变化引起的估计偏误。因此，不少国内学者使用该模型对各种政策的有效性进行了分析。徐现祥、王贤彬和舒元等（2007）分析了官员交流对经济增长的影响。周黎安和陈烨（2005）分析了中国农村税费改革的政策效果。史宇鹏和周黎安（2007）分析了计划单列市的放权政策对经济效率的影响。

从已有的这些研究可以看到，包含控制变量的"双差分"模型确实是分析政策有效性的有力工具。基于此，本书将利用这一模型分析"省直管县"体制的有效性，进而说明地方政府管理层级的减少是否有利于提高经济绩效，为地方政府结构的优化提供一个选择方向。

第五节　政府财政支出结构优化

政府财政支出结构不仅影响着经济绩效，而且影响着公共服务的供给。在整体财政支出规模既定的前提下（如最优政府规模），通过调整结构的方式同样可能提高经济绩效与居民所能享有的公共服务。"分税制"以后，促进地方经济增长与提供公共服务的责任更多地落在地方政府的身上。然而，许多研究指出，分权下的地方政府竞争与溢出效应（Spillovers）会导致公共服务供给偏离最优水平的支出偏向问题（Zodrow 和 Mieszkowski，1986；Cremer、Marchand 和 Pestieau，1997）。张美玲（2005）将我国财政支出结构同一些发达国家与发展中国家进行了比较，发现我国财政支出结构存在多方面的支出偏向，例如，经济建设费所占比重虽有所下降，但仍占较大比重；科教文卫与社会保障等公共服务支出虽逐步提高，但仍明显不足；

---

① 理想实验也可能存在类似的问题，只是准实验被试的选择通常不是真正的随机选择，存在更严重的威胁。

行政管理费支出急剧膨胀，加重了财政负担。傅勇和张晏（2007）认为中国式的财政分权与以经济绩效考核为主的政府竞争是造成这种"重基本建设、轻人力资本投资和公共服务"偏向的主要原因，他们通过实证检验进一步指出，政府竞争会加剧财政分权对政府支出结构的扭曲，竞争对支出结构的最终影响取决于分权的程度，而且1994年以后包括"科教兴国"与"西部大开发"在内的重大政策并没有对这种状况起到缓解作用。

虽然以经济绩效考核为主的政府竞争是造成中国支出偏向的主要因素，但这种支出结构未必能够使得经济绩效最大化。为此，许多学者检验了中国政府支出结构对经济绩效的影响。郭庆旺和吕冰洋等（2003）对中国1978～2001年的财政支出结构与经济增长率的关系进行了实证检验，结果显示虽然财政生产性支出与经济增长正相关，但财政人力资本投资与科学研究支出对经济增长的作用更大，高于物质资本投资。王春元（2009）检验了中国1978～2006年的财政支出与经济增长的关系，对于支出结构主要得出四个结论：一是教育支出对经济绩效具有促进作用；二是经济建设性支出与经济绩效存在负相关关系；三是国防和行政管理支出都有损于经济绩效；四是医疗卫生支出与经济绩效的关系在统计上并不显著。曾娟红和赵福军（2005）采用类似的方法对中国1980～2000年的财政支出结构进行了检验，也得到基本相同的结论，即经济建设支出与行政管理支出有损于经济增长，而社会文教支出和国防支出可以促进经济增长。张钢和段澈（2006）利用省际面板数据检验了中国地方政府财政支出结构与经济增长的关系，除了类似的结论以外，还发现财政支出在不同地区的表现有所不同，比如经济建设与行政管理费支出在东部和中部的较发达地区已经有损于经济增长，但在西部的欠发达地区仍有促进经济增长的作用。

不难发现，现有研究主要关注不同类别的财政支出与经济绩效之间的关系。当某类支出与经济绩效正相关时，就认为在支出结构上应该增加该类支出。当某类支出有损于经济绩效时，就认为在支出结构上应缩减该类支出。可见，这种分析方法的实质是检验政府行为的性质，即检验某类政府行为的生产性与否。这其中至少存在两个问题：第一，只关注经济绩效就忽视了供给的公共服务是否满足了居民的需求；第二，公共服务的收益通常具有滞后性，比如人力资本投资的滞后期通常很长，虽有不少研究都考虑了这一因素，但科学客观地确定滞后周期十分困难。其实，提供公共服务是为了满足居民的需求，因此，优化供给公共服务的财政支出应更多地关注居民满足程度。基于此，本书将从居民实际满足程度的角度优化与公共服务相关的财政支出，为优化政府财政支出结构提供实证依据。

第六节　政府规模的影响因素

中国政府的历次机构改革总是陷入"精简—膨胀—再精简—再膨胀"的怪圈，其原因之一就是历次改革总是以精简部门、精减人员为主要措施，错误地把外在表象当成了影响因素，很少触及影响政府规模的真正因素。因此，这种直接以精简部门或人员为主的办法只能治标不能治本，改变了的政府规模也只能是暂时性的，即短期下的非均衡状态。要想从根本上调整政府规模，需要从决定政府规模的相关制度影响因素入手。虽然这样的制度因素也有很多，但从现有研究看，主要包括三个方面：中央与地方的财政分权的程度，中央政府财政转移支付的力度与结构，以及经济的对外开放程度。

一、财政分权程度

在 Brennan 和 Buchanan（1980）的模型中，将政府看作是一个"利维坦"（Leviathan），认为政府是由许多自私的政治官员与自私的利益团体组成的，而他们的目标是随意利用权力与资源追求自身的利益最大化。同市场中的垄断企业一样，政府就是一个提供公共物品与公共服务的垄断企业，它会利用垄断价格使得公民的税收最大化。这一模型也说明，政府规模不仅会像瓦格纳法则那样不断地增长，而且会最大化自身规模。为了能有效限制政府规模，Brennan 和 Buchanan 提出了分权理论假说，认为财政分权可以从两个层面限制整体的政府规模。纵向上，分权可令政府与公民之间的信息传递更加充分有效。其原因主要来自两个方面：一方面，地方政府比中央政府更了解当地居民的需求；另一方面，当地居民也更加清楚地方政府的财政收入与支出，能更好地发挥水平层面的监督作用。因此，在提供地区性的公共服务时，地方政府比中央政府更为有效，成本更低，从而起到限制政府规模的作用（Hayek，1945）。横向上，分权可以加强地方政之间的竞争。在"用脚投票"的监督与激励机制下，地方政府为了吸引更多的人力资本和纳税人，其途径之一就是理性地提供公共服务，降低公共服务的提供成本，进而降低该地区的边际税率。由此可见，分权可以通过促进地方政府之间的竞争来限制政府规模的扩张（Tiebout，1956）。但是，与此相反的是，Wallis 的假设也指出，分权有可能增加地方政府的财政责任，从而促进地方政府规模的扩张。

那么，分权是限制了整体政府规模，还是通过对地方政府的放权刺激了整体政府规模的扩大呢？针对这些理论假设，许多学者进行了实证检验。Oates（1972）利用税收收入占 GDP 的比重来反映政府规模，利用中央财政收入占财政总收入的比重来衡量分权程度，并以 57 个国家的截面数据为样本，检验了两者之间的关系，结果发现分权不仅没能限制政府规模，反而促进了政府规模的扩大。同样，他对 43 个国家样本的检验也得到了与此类似的结论（Oates，1985）。Heil（1991）采用类似的衡量指标，分别对 22 个 OECD 国家与 39 个 IMF 国家的样本进行了实证检验，除了使用普通最小二乘法（OLS）以外，还以联邦政府结构、识字率、总出口率为工具变量，采用两阶段最小二乘法（2SLS）进行了估计，结果发现分权与政府规模之间的关系在统计上并不显著。Anderson 和 Van Den Berg（1998）以 45 个国家为样本的检验得到了与 Oates 一致的结论，即中央财政收入（支出）比重的估计系数为负（分权促进地方政府规模的扩张），但这一结果在统计上并不显著。Grossman（1992）对澳大利亚的研究也发现分权程度与政府规模之间并不存在显著关系。同样，Stein（1999）的研究结果也不支持 Brennan 和 Buchanan 分权理论假说。在众多实证检验不支持分权理论假说的同时，也有不少实证研究得到了支持该理论假说的结论。Marlow（1988）对美国 1946～1985 年的时间序列数据进行了检验，他以地方政府支出占总支出的比例作为分权指标，证实了分权能够限制政府规模的理论假说。Grossman（1989）采用同样的分权指标与类似的数据样本，得到了相同的结论。Grossman 和 West（1994）以中央政府支出占总支出的比例作为分权指标，对加拿大 1958～1987 年的样本数据进行检验，结论同样支持这一理论假说。除此之外，还有许多实证检验都得到了支持 Brennan 和 Buchanan 分权理论假设的结论（Joulfaian 和 Marlow，1991；Jin 和 Zou，2002；Wallis 和 Oates，1988；Shadbegian，1999）。由于检验结论的不一致，一些研究从地方政府财政自由度的角度进行检验，结果发现当地方政府有制定税率和税基的权力时，分权就会降低整体政府规模（Rodden，2003；Moesen 和 Cauwenberge Van，2000）。由于以中国数据为样本的研究多数从地方政府规模的角度进行分析，而中国的地方政府并没有制定税率与税基的权力，因此也不具有真正意义上的财政分权，再加上缺乏"用脚投票"的机制导致地方政府之间缺乏有效的竞争，所以，多数研究的结论均表明分权刺激了中国地方政府规模的扩张（胡书东，2001；孙琳和潘春阳，2009；孙群力，2008；王文剑，2010）。但是，中国的经验检验也有支持分权理论假说的证据，Zhu 和 Krug（2005）认为，不论从国家层面看，还是从省际层面来看，分权程度的提高都显著地限制了中国政府规模的扩张。

二、转移支付水平与结构

转移支付是收入再分配的一种途径，从理论角度而言可以在一定程度上促进公平。早期的理论认为，在完全理性的假设前提下，一次性的无条件转移支付相当于一定量的减税，不会导致政府支出增加（Bradford 和 Oates，1971）。Bailey 和 Connolly（1998）也指出地方政府获得的转移支付通常以减税或者直接收入的形式返还给本地居民，因此，不会增加地方政府的支出。然而，许多实证检验并不支持这一理性假设。最早的一个研究是 Gramlich（1969）的实证检验，他发现个人收入与转移支付对政府支出规模的影响具有显著差异，每增加 1 美元的个人收入，只增加 0.02 ~ 0.05 美元的政府支出，而相同转移支付的增加会使得政府支出增加 0.3 美元。他的同事 Arthur Okun 看到这个结果后指出，政府的每一项支出通常都是盯在其最初确定的支出项目之上（Money Sticks Where it Hits），不会依据公共物品和私人物品的收入弹性进行重新分配，因此，转移支付的增加不会带来更多的减税，进而导致公共部门的支出增加，引起公共部门扩张，即"粘纸效应"（Flypaper Effect）（Inman，2008）。其实，在 Brennan 和 Buchanan 的模型中也指出了与"粘纸效应"类似的理论假设，即分权下的政府间合谋在一定程度上缓解了政府间竞争的压力，从而降低了分权在限制政府规模方面的有效性。对于该假设，如果用政府间的转移支付来衡量合谋的程度，那么这种合谋的理论假设（Brennan 和 Buchanan，1980）在一定程度上可以看作是引起"粘纸效应"，推动地方政府规模扩张的原因之一。在 Gramlich 之后，有大量的文献对"粘纸效应"和政府间的"合谋假设"进行了检验，并且这些研究结论都证实了"粘纸效应"与"合谋假设"的存在（Case、Rosen 和 Jr. Hines，1993；Stein，1999；Jin 和 Zou，2002；Rodden，2003；Oates，1985）。范子英与张军（2010）针对中国地方政府的研究发现，"粘纸效应"对 1994 年以后中国政府规模的膨胀具有显著作用，增加 1 个单位的人均转移支付，会使得政府支出水平上升 0.6～1.3 个单位，而相同的 GDP 或者居民收入的增长只会使得政府支出水平上升 0.1～0.2 个单位；从行政人员的角度看，增加 1 万元的人均转移支付，每万人机关人数将增加 62 人，而相同的本地财政收入的增加只会引起0.037 人的增加，因此，中国同样存在"粘纸效应"。这就意味着，数量相等的财政资源，即使只是结构上的变动也会导致政府规模的膨胀。

三、对外开放程度

Cameron（1978）是较早考虑对外开放程度对政府规模影响的学者之一。他利用进出口总额占 GDP 的比重来反映经济的对外开放程度，利用政府收入占 GDP 的比重来衡量政府规模，并对 18 个 OECD 国家的样本进行了实证检验，结果发现更高的对外开放程度会导致更大的政府规模。Rodrik（1998）在 Cameron（1978）的基础上，将样本扩大到 125 个国家，不仅包括发达国家，还包括了发展中国家，其结果同样表明对外开放程度与政府规模之间存在正相关关系。为了检验结果的稳健性，Rodrik（1998）还从政府支出、公共服务、国防支出、教育支出、保健支出、社会保障和福利支出等多个角度来反映政府规模，结果发现不论是低收入国家还是高收入国家，对外开放程度与政府规模之间都存在着正相关关系。Rodrik（1998）认为这种正相关关系的存在是由于对外开放程度的提高，增加了外部风险的强度，导致了国内收入和消费的波动增强。因此，政府通常会以购买物品和服务的方式来降低收入与消费的波动性，也会通过在社会保障和社会福利方面的支出来抵御外部风险，从而扩大了政府规模。Alesina 和 Wacziarg（1998）采用与 Rodrik（1998）类似的方法估计了 138 个国家 1985～1989 年的数据，其结果同样认为对外开放程度的提高会促进政府规模扩张。但是，此后越来越多的实证检验却得到了相反的结论。Balle 和 Vaidya（2002）对美国 48 个州 1995～1997 年的估计结果表明，对外开放程度与政府规模之间的关系虽然为正，但在统计上并不显著，同时发现对外开放程度会促进地方政府在公共福利方面的支出。Islam（2004）对六个国家 1929～1997 年的估计结果显示，虽然有加拿大、英国、挪威和瑞典四个国家的结果支持对外开放与政府规模正相关的理论假设，但是，美国和澳大利亚的结论正好相反。而且，针对外部风险与政府规模关系的检验，只有澳大利亚的样本得到了正相关的结论，其他五个国家的检验结论都与 Rodrik（1998）相反。Garen 和 Trask（2005）发现，经济越不开放，政府规模就会越大，且政府规模与贸易壁垒之间呈高度正相关关系。Benarroch 和 Pandey（2008）通过 Granger 因果检验发现，较高的对外开放程度不是较大政府规模的 Granger 因，而较大的政府规模是较低对外开放程度的 Granger 因。这说明较大的政府规模会限制对外开放的程度，但对外开放的程度不会推动政府规模膨胀。类似的结论还有不少（Cavallo，2007；Molana、Montagna 和 Violato，2004）。目前，针对中国的经验检验相对较少，杨灿明和孙群力（2008）对中国 28 个地区 1978 ~ 2006 年的数据样本进行了估计，结果支持了 Rodrik（1998）的理论假设，即中国在更为开放的市场经济中，外部风险导致了地方政府规模的扩大，且外部风险与社会保障和社会福利支出显著正相关。

通过考察现有文献不难发现，财政分权的程度、中央财政转移支付的水平，以及经济的对外开放程度对政府规模都存在着显著的影响。但现有这些文献也普遍存在两方面问题：第一，虽然多数研究都引入了许多控制变量，但是其焦点主要集中在其中某一个因素与政府规模之间的关系之上，同时考虑多个因素的研究并不多见。如果这些因素之间存在一定的相关性，那么只关注其中一个就等于在模型中遗漏了具有相关性的重要变量，这就会引起估计结果的偏误。第二，地方政府规模的变化通常是连续的，而且是渐进的，即使从年度的角度来考察，一般也不会出现显著的跳跃或震荡，除非出现较大的自然灾害、战争或社会变革。这说明，上一期或者上几期的政府规模有可能也是影响当期政府规模的重要原因。因此，在分析影响政府规模的相关因素时，应该将其放在自变量之中。否则，同样会遗漏具有相关性的重要变量，同样会导致有偏的估计结果。由此可见，应该在模型中包含这些重要的相关变量。

基于以上这些原因，本书将综合地分析财政分权程度、中央财政转移支付水平、对外开放程度等因素，以及历史政府规模及其组合对政府规模的影响，并采用系统广义矩估计法进行估计，得到这些因素对政府规模影响的无偏估计量，分析政府规模的动态调整机制，为政府规模与结构的优化调整提供必要的理论与经验支撑。

第三章　中国地方政府规模与结构：
制度约束下的历史变迁

处于转型阶段的中国，地方政府缺少两种重要的权力制约机制：其一，中国的民主选举制度并不完善，因此，选民"用手投票"的机制不能充分发挥作用。其二，户籍制度限制了公民自由流动的权利，因此，选民"用脚投票"的机制也不能发挥其应有的作用。如果假设地方政府官员也是一个追求效用最大化的个体，那么在这种缺乏有效约束机制的制度环境下，中国财政体制的不断改革与变迁将如何影响地方政府官员的决策行为，以及如何影响地方政府的规模呢？为了更加清晰地研究中国地方政府的最优规模，在此之前，先对中国地方政府行为与规模的历史变迁进行一个简要且直观的梳理。

第一节　中国地方政府官员面临的约束机制

从公共选择学派的角度看，地方政府官员也是一个追求自身利益最大化的个体。当其面对不同的约束机制时，他们会做出不同的行为选择以使自身效用最大化。地方政府官员的效用来源于多种因素。为了处理上的简单，假设在没有足够的监督机制时，他们的效用取决于地方财政的净收入，即地方政府通过各种税收或费用的方式获得的财政收入，再减去其在提供各种公共服务方面的支出。因为在没有监督机制的情况下，这些由地方政府控制的财政净收入就很容易转变为官员的个人效用。而财政净收入的大小主要取决于地方政府在资源分配上的行为选择。例如，如果地方政府的财政收入取决于本地企业的利润，那么他们就有提高当地企业利润的动机，同时还有减少公共服务供给的动机。由此可见，只有在一定的监督或约束机制下，地方政府的行为选择才有可能服务于当地居民的公共利益，才有可能有效地提供公共服务。

从现有理论与实践角度看，针对地方政府且有效的监督或约束机制主要有两个：第一种是民主选举机制。该选举过程要求每一个候选人向当地选民进行竞选演讲，展示未来将要采取的施政方案。因此，选民可以通过"用手投票"的方式，选择能给自己带来最大效用的候选人。同时，当选民不满意选举出来的政府官员时，还有弹劾他的权力。在这种选举机制下，如果选民是同质的，那么在均衡状态时，地方政府的决策可以最大化选民的效用。当然，这种选举机制也存在着一些较为严格的前提假设，当这些假设不能满足时，就会引发一些影响监督有效性的问题。如中间投票人的影响（Buchanan 和 Tullock，1962）、时间成本高昂、民选的"搭便车"现象，以及成功竞选人因受特殊利益集团的影响而不履行竞选承诺的问题等。例如，Banerjee 和 Duflo（2006）就发现，印度的民主选举机制就没有起到有效的监督作用。

第二种有效的监督或约束机制是"用脚投票"的机制（Tiebout，1956）。其实，地方政府的行为选择是设计一套税收方案，以及一系列公共服务的供给方案。Tiebout 的模型指出，当个人可以自由地选择居住地，企业可以自由地选择经营地，并且可以在不同的行政区划间自由移动时，地方政府之间就会形成激烈的竞争。由于个人与公司都会选择能够令自身效用最大化的地方生存，这就激励着地方政府不断地降低税收水平，同时不断地提高公共服务的供给水平。当这种竞争足够充分时，比如个人与公司的流动成本接近于零，那么均衡状态下的地方财政净收入就接近于零。由此可见，这种能以低成本退出的机制，给地方政府带来强大的竞争压力，从而起到有效的监督与约束作用。

与美国或者其他具有这两种监督约束机制的国家相比，中国对地方政府的监督或约束相对困难。首先，中国的民主选举制度并不完善。虽然人民代表大会有选举的过程，但除乡级行政官员以外，中国的典型事实却是任命制（徐现祥和王贤彬，2010；许成刚，2009），这就使得当地的选民不能有效地发挥其应有的监督权力。其次，中国户籍制度的存在，使得居民在行政区划间的流动成本极高。而且，农民也因为土地所有权的问题受到耕地的束缚。最后就只剩下经济活动具有一定的流动性，比如公司选择经营地的成本相对较低。因此，中国的地方政府也不存在居民退出其行政地区的威胁，这种监督或约束机制也不能有效地发挥作用。

在这样的制度环境下，谁来监督并约束中国的地方政府呢？很显然，中央政府在这方面发挥着重要作用。中央政府指派与任命地方政府官员，并设定一些标准对其进行评估，同时还通过专项转移支付的方式确保地方政府在教育、医疗卫生，以及社会保障等民生方面的相应支出。然而，地方政府的自由裁量权，使得中央政府的监督依然十分困难，即使中央政府可以确保专项转移支付资金的数量到位，也很难确保其服务质量的达标。因此，只有分辨最好成绩与最坏成绩的官员较为容易，对处于中间水平的其他官员是很难评价的，这导致官员晋升与降职的决策比较困难。为了解决地方官员的评估与晋升问题，就需要设置一套客观的（从中央政府与所有地方政府的角度看都是客观的）且可低成本定量测量的评估标准。当这种评估标准存在时，各个地方政府之间就形成了"晋升锦标赛"式的激励机制。不可否认，这种激励机制对中国经济的高速增长做出了重要贡献。但是，随着时间的推移，由该激励机制所引发的潜在问题却越发明显。例如，由于客观的且可测量的激励机制通常只能是一维的目标，因此很难激励地方官员综合地考虑当地居民的多维需求（许成刚，2009）。再如，蔡芸和杨冠琼（2011）指出了由"晋升锦标赛"这一激励机制引发的一些负面效应：激励的有偏性、短期行为、人为制造绩效和退出竞赛。针对这些越发严重的问题，解决方案之一就是上面提到的"用手投票"与"用脚投票"机制作用的有效发挥（杨冠琼、罗植和刘雯雯，2011）。

由此可见，在主要通过中央政府监督地方政府的制度环境下，影响地方政府行为与规模的主要因素就是地方政府的税收来源。在不同的财政体制下，地方政府的税收来源有所不同，地方官员为了个人效用的最大化，通常会采取不同的行为使得地方政府的税收规模最大化，从而确保财政净收入的最大化。因此，可以从财政体制历次改革的角度对中国地方政府规模的历史变迁进行梳理。

第二节 中国财政体制与地方政府规模的历史变迁

一、中国财政体制改革的阶段划分

处于转型时期的中国，伴随着改革开放的不断推进，以及市场经济体制的确立与不断完善，其财政体制也处于不断的改革与调整之中，可谓是丰富多彩。为了更加清晰地认识中国财政体制的历史演进过程，许多学者根据不同时期下财政体制的特点，将其整个演进过程划分为若干阶段。虽然，不同的学者在小阶段的划分上略有差异，但大阶段的划分基本一致。具体来说，大体上可以划分为三个阶段：第一阶段是从新中国成立到1978年改革开放以前；第二阶段是从1978年改革开放到1994年"分税制"改革以前；第三阶段是1994年"分税制"改革之后到现在。这一划分也体现着政府规模在不同阶段下的特点。从中央与地方财政的收入与支出的相对规模可以清晰地看出这三个阶段。

如图3-1所示，该图描绘了1955～2011年，中央财政收入占GDP的比重、地方财政收入占GDP的比重，以及财政总收入占GDP的比重[①]。从图中不难发现如下三个特征：首先，1978年及以前，地方财政收入与财政总收入占GDP的比重均处于不断波动的状态之中；其次，1979～1994年，两者都出现了明显的下滑，地方财政收入占GDP的比重从20%多一点下降到5%以下，而财政总收入占GDP的比重从将近30%下降到10%多一点；最后，1995年到2011年，这两者以及中央财政收入占GDP的比重均表现出持续的增加，其中中央财政收入与地方财政收入占GDP的比重都从5%左右提高到10%以上，并且中央财政收入超过或接近了地方财政收入，而财政总收入占GDP的比重也达到了20%以上。

---

① 数据整理自《中国财政年鉴》(2012)与国家统计局数据库，http://219.235.129.58/welcome.do。图3-2与图3-3与此相同。

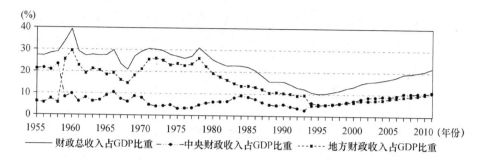

图 3 - 1 1955～2011 年中央财政收入与地方财政收入占 GDP 的比重

图 3 - 2 描绘了 1955～2011 年中央、地方和全部财政支出的变动情况，类似的特征也可以从中找到。1978 年及以前，三个比重均呈现出明显的波动。1979～1994 年，三个比重都出现了显著的下滑。1995 年以后，三个比重又开始逐渐提高（中央财政支出占 GDP 比重在 2000 年后略有下降是由于中央转移支付支出计在地方财政支出，而不计在中央财政支出）。

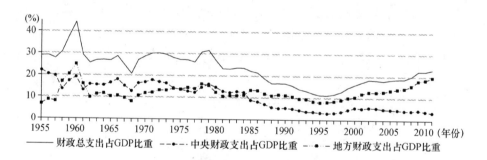

图 3 - 2 1955～2011 年中央财政支出与地方财政支出占 GDP 的比重

中央财政收入占全部财政收入的比重同样可以反映出这些特征。如图 3 - 3所示，中央财政收入占全部财政收入的比重存在两个重要的转变点：第一个是 1958 以后，中央财政收入占全部财政收入的比重突然下降，从 80% 左右下降到 20% 多一点；第二个是 1994 年以后中央财政收入占全部财政收入的比重出现了突然的提高，从 1993 年的 20% 多提高到 50% 以上，而且这一比重一直维持到现在，中间没有明显变化。在这两个转变之间，中央财政收入占全部财政收入的比重基本处于轻微的波动状态。虽然，以改革开放为时间点的前后特征差异并不明显，但是，仔细比较也能看到该比重在1978～1994年是先提高后下降的过程，这与1978年之前的波动状态还是存在一定差异的。

图3-3　中央财政收入占全部财政收入的比重

上面几组数据清晰地反映了不同历史时期政府规模的主要特征，并可依据这些特征将其划分为三个历史阶段。由于"用手投票"与"用脚投票"机制的不完善，地方政府面临的激励主要来自于财政体制的不同设置。基于此，接下来将以财政体制的改革为基本线索，考察地方政府在每一阶段面临的不同激励机制，以及由此对国民经济各方面形成的主要影响。

二、改革开放以前的财政体制

新中国成立之初，社会主义国家的国民经济发展问题仍然处于探索之中。对于新中国来说，只有苏联的计划经济这一个参考蓝本。在这种历史条件的影响下，改革开放以前的中国，其财政体制的特点可以概括为高度集中的"统收统支"。在这种体制下，地方政府的税收和利润几乎全部都要上缴给中央，然后中央按其批准的支出计划进行下拨。因此，国家控制了几乎全部的经济活动，地方和企业几乎没有任何的自主权。

罗慧和王广奇（2007）将这种高度集中的财政体制划分为三个时期。首先是高度集中下的统收统支时期（1950～1952年）。这一时期为了迅速抑制新中国成立初期的通货膨胀，并稳定物价、恢复经济，中央做出了《关于统一国家财政经济工作的决定》，要求统一财政收支、统一物资调度、统一现金管理。随后中央又发布了《关于统一管理1950年年度财政收支的决定》，该文件规定国家预算管理权和制度规定权集中在中央，收支的范围与标准均由中央决定，财力全部集中于中央，各级政府的支出均由中央审核并逐级拨付。因此，地方政府的预算收入与支出之间没有直接的联系，年终结余也要全部上缴中央。同时，1950 年 1 月正式发布的《全国税政实施要则》也体现出以"逐步整理"的方式取得税种、税目、税率等各方面的统一。统一的税制不仅彻底解决了混乱的税制状态，清理了旧税制的不合理，而且体现了新政府的政治理念。比如对国营经济的税负优惠与对私营企业税负偏高的政策安排。

其次是划分收支、分类分成时期（1953 ~ 1957 年）。这一时期财政体制的主要特点仍然是高度集中。只是随着县级政权的建立与健全，以及管理体制由"中央—大区—省（市）"转变为"中央—省（市）—市（县）"，形成了分类分成的办法。具体来说，将财政收入划分为固定收入、固定比例分成收入和中央调剂收入三类，其中分成的比例是一年一定。因此，每年的地方预算依然由中央核定，而地方的预算支出首先使用地方固定收入和固定比例分成收入进行抵补，不足的部分由中央调剂收入弥补。可见，这一时期的财政体制依然是财力集中前提下的划分收支、分级管理。这种高度集中的财政体制使得中央政府的财政规模高于地方地府。因此，正如图 3 - 1 与图 3 - 2 所示，中央财政收入与支出规模达到 20% 以上，远高于地方政府的 5% 左右。

最后是划分收支、总额分成阶段（1958 ~ 1979 年）。1956 年 4 月，毛泽东在《论十大关系》中指出了"有中央和地方两个积极性，比只有一个积极性好得多"的论断。在这种思想的指导下，形成了"以收定支、五年不变"的财政体制。将地方固定收入、企业分成收入和调剂分成收入划归地方，分类分成，多收可以多支，少收只能少支。财政分权的思想不仅出现在许多文件或著作之中，而且在实践中也有一定的体现。但是，体制类型依然没有改变，基本特征仍是高度集中、统收统支的中央集权式财政体制。虽然地方政府拥有财政收入，但是收支的管理权限与支配权限都很小，并不构成一级独立的财政主体，仍然需要听从中央的统一决定。如图 3 - 1 所示，将三种收入（地方固定收入、企业分成收入和调剂分成收入）划归地方以后，地方政府的财政收入规模在多数年份都提高到 20% 以上，有些年份甚至超过了 25%，而中央政府的财政收入规模则下降到 10% 以下，最低的年份甚至不足 4%。

其实，除了财力高度集中的特点以外，"简化税制"的政策思想也贯穿于这一阶段的三个时期。高度集中的财政体制是为了实现重工业优先发展的赶超战略。而税制简化的政策思想与当时的治国方略有直接关系，在当时的社会背景下，认为"税"是旧政权统治与压迫人民群众的重要手段，因此当社会主义公有制建成以后，税收应逐步退出历史舞台。这个"简化税制"的思路在"文化大革命"期间发展到了极致，"无税论"和"税收无用论"得到了彻底的实践，中国的税制建设受到了空前的破坏，税收已经背离了其自身的经济性质，演变成为阶级斗争的工具，其调节经济的作用荡然无存。由此可见，该阶段中财政体制的指导思想与其所发挥的作用显著区别于改革开放以后，这一阶段中"税收"并不具有普遍意义上的税收作用，也不具有经济学中税收的一般内涵。因此，后续的分析将主要关注改革开放之后的经验数据。

三、改革开放以后到"分税制"以前的财政体制

1978 年开始的改革开放意味着从计划经济向市场经济转变的开始。改革开放之前，在计划经济配置资源的体制下，企业在国家预先规定的价格之下进行生产与销售等经济活动，通过企业上缴几乎全部利润的方式实现国家的财政收入。因此，改革开放之前的财政体制表现为财力的高度集中。这种财力的过度集中使得中国的经济几乎失去了所有的活力。因此，为了调动地方以及企业的积极性，改革开放基本围绕着"放权让利"这一主题展开。例如，大幅提高农副产品的价格，实行联产承包责任制，这极大地提高了农民的积极性。再如，企业逐步获得了一些自主经营权，可以在市场上购买原材料进行额外的生产，并在市场上销售这些产品，从中获得的利润可以自留，这极大地激发了企业的积极性。

随着"放权让利"的推进，税制的设计必然需要相应的改革。其基本导向自然是打破集中过度、统收统支、税种过于单一的传统体制。于是，通过"复税制"的建立、"利改税"的分步推进，逐步建立了符合市场导向要求的、以流转税和所得税为主、其他税种相结合的多税种、多环节、多层次的复税体系。然而，这一时期的法定税率普遍很高。比如企业所得税税率为 55%，并对几乎所有的产品与服务征收营业税（Turnover Tax），从 3% 的食盐，到 20% 的啤酒与电视机，再到 65% 的 A 级香烟各不相等（Gordon 和 Li, 2005)。

这种高税率的设置，其目的之一是确保国家的财政收入。然而，实际的结果却是财政收入不断下降。如图 3 - 1 所示，财政总收入从 1978 年的 30% 以上，下降到 1993 年的 10% 多一点。不难发现，从价税的新税制是导致这一结果的主要原因。在计划经济时期，各种商品的价格均由国家规定，因此政府只关注企业报告的投入与产出的具体数量，而不是实际的资金流。但在价格"双轨制"的体制下，一部分产品基于计划价格，另一部分产品又基于市场价格，这就导致通常只关注具体数量的政府，很难监督企业的实际资金情况，也很难准确地掌握企业的利润情况，其中地方所属的中小型国有企业更是如此。因此，新税制在执行方面存在许多困难，偷逃税款的现象比较严重。面对这些问题，一个自然而然的简单办法就是指派一个税收监察员到企业中监督企业的利润情况。但问题是，如果没有一个有效的外部监督机制，这个监察员就很容易与企业形成"共谋"，进而导致如何监督这位监察员的循环问题。因此，在这样的制度环境下，只靠中央政府的监督就很难真正遏制各种经济案件的发生。

地方政府比中央政府更具有信息优势，因此，有效监督地方所属中小国有企业还需要发挥地方政府的监督优势，刺激地方政府在监督方面的积极性。为此，1980 年 2 月，国务院颁发了《关于实行"划分收支，分级包干"的财政管理体制的规定》，开始"放权"给地方，实行"划分收支，分级包干"的财政管理体制。具体来说，在收入方面，将地方所属的中小国有企业的大部分税收划归地方所有，相应的支出也列为地方预算支出，地方财政多收则可以多支，少收则少支，自求平衡（除了地方固定收入以外还有固定比例分成收入和调剂收入）。在获得了企业"所有权"后，地方财政的效用就与他们监督的水平密切相关，地方政府也因此在监督企业的生产与销售过程，以及应缴税款等方面更具有积极性。在监督的方式上，也从原来的逐年监督企业的销售与利润转变为承包经营责任制。即企业与政府提前确定一个上缴税款的数额，按照该数额确保上缴，超收多留、歉收自补的方式自主经营。从理论的角度看，这种经营机制通过扩大企业的自主权，增强了企业的活力，促进了企业的技术改造动力，同时对确保国家的财政收入具有重要作用。但是，在缺乏"用手投票"与"用脚投票"的监督机制下，依然难以解决因扭曲的地方政府行为而引发的严重问题。

在进一步考察这些严重的问题之前，还有必要先说明一下由高税率带来的另外一个问题，即高企业所得税对企业投资行为形成的扭曲。如果用 f_K 表示投资的边际产出，用 d 表示折旧，用 r 表示投资的机会成本，并假设企业的利润仅由投资决定，以及折旧的减扣等于实际折旧率。那么税收与折旧形成的成本为 $0.55(f_K - d) + d$（55%的企业所得税），而企业只有在最终收益大于其机会成本时才会进行投资，即 $f_K - d - (0.55(f_K - d) + d) \geq r$。由此可知，只有在 $f_K - d \geq 2.2(r + d)$ 时，企业才会进行投资。在这种情况下，如果折旧为10%，即使机会成本只有10%，企业也只有在扣除折旧后的净收益超过44%时才会进行投资。显然，如此之高的资本回报率是不现实的。毕竟，美国的平均资本回报率也只有10%左右。即使不存在折旧的问题，企业进行投资的必要条件也要求投资回报率达到22%以上。这依然高于美国平均水平的两倍。因此，较高的税率要么使得企业投资不足，从而利润不高；要么使得企业缩小规模，政府难以监督。两种情况都会导致财政收入水平的降低（Gordon 和 Li，2005）。

为了确保资本密集型大企业的投资，政府人为压低了这些企业的贷款利率，确保这些企业的投资能够实现收支平衡。然而，由于贷款利率低于真实的市场利率，如果这些企业仅能够实现收支上的平衡，那么必将造成国有银行的收益损失。这时，政府通常利用征缴的税收进行弥补。因此，只要政府的各种税收足以补偿因人为压低税率对银行收益造成的损失，这种利率扭曲下的投资行为就有可能持续。最终导致的结果就是，形式上看似自主经营、自负盈亏的经营方式，实际上主要还是处于政府的控制之下。

不可否认，"放权让利"的改革措施在促进经济绩效方面确实取得了一定程度上的成功。从图3-4可以看出，1978~1993年，GDP的年平均增长率达到了9.85%左右，不仅明显高于改革开放之前，而且变得相对平稳。虽然1994年之后变得更为平稳，但是几个峰值均出现在这一时期，其中最高的1984年达到了15.18%[①]。

然而，正如前文所述，在缺乏"用手投票"与"用脚投票"的监督机制下，这种成功的背后却存在着许多因扭曲的地方政府行为而引发的严重问题。首先，最严重的问题就是扭曲了资源配置。资源配置的扭曲使得资本

---

① 数据整理自《中国统计年鉴》（2012）。

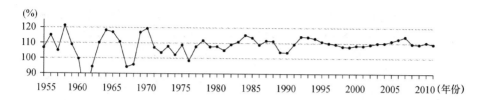

图 3 - 4 中国 1955 ~ 2011 年实际 GDP 指数（上年 = 100）

不能使用到最能发挥其作用的地方，这一点表现在很多方面：一是中央与地方之间，"分级包干"令中央政府与地方政府面临的税收激励并不一致。中央政府的税收收入来自中央所属的大型企业，而地方政府的税收收入来自地方所属的中小型企业。在这种情况下，资本的流向实际上取决于中央与地方的竞争，而不是资本收益率的竞争。二是地方政府之间，不同行政区划之间的实际贷款利率（市场决定）本应不同，从而将资本引向收益最高的地方，形成跨行政区划的流动。但是，地方政府的税收均来自其管辖的行政区划，因此都将贷款利率设置得很低，结果限制了资本的跨行政区划流动。三是农业与工业之间，工业的税率远高于农业，地方政府能从工业投资中获得更高的收益。因此，在工业高税收的激励下，即使工业的边际资本回报率已经小于农业，也会刺激地方政府的继续投资。Gordon 和 Li（2011）发现，农业的固定资本投资从 1980 年的 4.5% 下降到 1994 年的不足 1%，而工业的固定资本投资在 1985 ~ 1994 年一直保持在 60% 以上。四是工业中的不同行业之间，由于不同行业之间的税率不同，高税率的行业本应因较低的利润率而缩小规模，但缺乏有效监督机制的地方政府为了追求更多的财政收入，反而会增加对该行业的投资，造成过度投资。Gordon 和 Li（2005）提供的冰箱行业数据就是一个很好的例子。中国在 1978 年只有 20 个冰箱生产厂家，年产量只有 2.8 万台。1983 年将冰箱行业的营业税（Turnover Tax）调整为 20% 以后，1987 年的冰箱出厂价达到了平均成本的 130% ~ 190%。到 1993 年，冰箱的年产量就达到了 596.66 万台[1]。其实，由于税率的调整，1978 ~ 1993 年，许多家电行业的年均产量均从万台，甚至不足万台，提高到了几百万台，甚至上千万台。五是财政支出方面，在

---

[1] 数据来自《新中国六十年统计资料汇编》。

缺乏有效监督的前提下，公共服务的供给不能令地方政府在短期内取得相应的税收收入，这就激励着地方政府减少这些方面的支出，并增加与工业企业相关的支出。Gordon 和 Li（2011）发现，1991～1993 年（1991 年是其能找到数据的最早年份），农业、教育、科研和社会保障的预算支出都在降低，而与工业相关的支出却比较稳定。需要指出，如果从 1978～1993 年的数据来看，并不能直接地证实这一结论。如图 3-5（a）所示，虽然 1991～1993 年，文教科学卫生支出的比例略有下降，但从 1978 年看，这项支出的比例从 10% 左右持续上升到 20% 以上，而工业相关支出则是持续下降的[①]。出现这一现象的原因在于，这一时期政府预算外资金几乎达到了预算内资金的 50% 以上，而且预算外资金几乎全部用于工业相关支出。如果加上预算外资金，结果就如图 3-5（b）所示，工业相关支出与文教科学卫生支出都没有出现较大的变化，但工业相关支出远高于文教科学卫生支出，几乎是其六倍[②]。

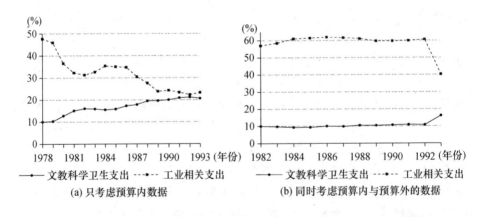

(a) 只考虑预算内数据　　　　　　　(b) 同时考虑预算内与预算外的数据

图 3-5　1978～1993 年地方政府财政分类支出占总财政支出的比例

其次，加剧了市场分割，限制了市场竞争。因为地方的财政收入取决于本地区的生产，而不是本地区的消费。所以不同行业间的税收差异助长了地方保护主义。地方政府不愿意购买其他地区的高税率产品，同时希望将本

---

① 工业相关支出主要包括：基本建设支出、增拨企业流动资金、挖潜改造资金和科技三项费用、地质勘探费。

② 数据来自《中国财政年鉴》（1994）和国家统计局数据库，http：//219. 235. 129. 58/welcome. do。

地区的高税率产品出售到其他地区。这就激励着地方政府通过降低生产成本的方式，提高高税率行业同其他地区的竞争力。最终加剧了市场分割的程度。许多学者对市场分割程度的理论分析与数据测算都反映出了这一问题（范爱军、李真和刘小勇，2007；范爱军和孙宁，2009；银温泉，2001）。

再次，引起了通货膨胀。追求财政净收入的地方政府倾向于过度投资。因此，为了吸引更多的储蓄，地方政府就愿意给储户提供比法定利率更高的存款利率。但是，中央政府禁止这一行为。那么，当地方政府的贷出资本大于其所拥有的资本时，就期望得到中央政府的帮助，而中央政府通常也不会坐视不理。其结果就导致货币供给的增加，引发通货膨胀。从图3－6中可以看到，1978～1993年的居民消费价格指数（CPI）明显高于其他年份[1]。

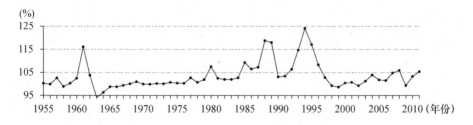

图3－6　1955～2011年居民消费价格指数（CPI）

最后，"两个比重"不断下降也是这一时期的重要问题。在"放权让利"的过程中，地方政府与企业都获得了更多的"权"与"利"，但是中央政府的财政收入却严重受损。正如图3－1所示，财政总收入占GDP的比重在这一时期不断下滑。如图3－3所示，中央财政收入占财政总收入的比重在1984年后也开始不断下降，中央及地方政府规模的不断缩小，使得政府没有足够的财力提供必要的公共服务。这也是推动"分税制"改革的原因之一。

四、"分税制" 以后的财政体制

随着改革开放的不断推进，以及社会主义市场经济的不断完善，为了

---

[1] 数据整理自《新中国六十年统计资料汇编》与《中国统计年鉴》（2012），其中1984年及以前为职工生活费用价格指数。

解决前期存在的各种问题，到 20 世纪 90 年代中期，政府逐渐取消了价格的"双轨制"。各个部门开始在市场中有效竞争，市场出清价格也开始成为各种物品与服务的唯一价格。因此，经济活动中的资金流信息变得更为透明。在此基础之上，转变过去只盯住具体产量的税收政策就成为可能。于是，1994 年我国进行了一次规模大、范围广、力度强、内容深刻的结构性财政体制改革，即"分税制"改革。分税制是在借鉴市场经济发达国家做法的基础上，根据我国具体国情进行的一次分权尝试，并由此搭建起了社会主义市场经济下税收制度的基本框架。分税制改革的主要目标是明确中央政府与地方政府的利益边界，规范政府间财权与事权的分配关系。其主要内容可概括为"三分一返"。"三分"是指：在划分事权的基础上，划分中央政府与地方政府的财政支出范围，地方财政主要负担自身运转的支出，以及本地区经济发展所需的支出；按税种划分收入，明确中央与地方的收入范围；分设中央和地方两套税务机构。"一返"为建立中央对地方的税收返还制度与过渡期转移支付制度。

从税制调整内容看，主要包括以下内容：第一，降低了企业所得税，税率从 55% 降低到了 33%，与主要发达国家基本一致①；第二，对几乎所有的产品开征 17% 的增值税，其中 75% 划归中央财政收入，25% 划归地方财政收入，该税收逐渐成为财政收入的最主要来源；第三，营业税（Business Tax）②、财产税、个人所得税、印花税、本地区的企业所得税划归地方政府，而关税、进口货物增值税、消费税、中央所属企业的所得税划归中央政府。其中地税局征收划归地方政府的税收，国税局征收划归中央政府，以及中央地方共享的税收。

伴随财政体制的改革，银行系统的改革也在不断地推进。以前，银行基本处于政府的控制之下。贷款利率、贷款多少、贷款给谁等各种贷款决策均由政府做出，由此造成了贷款投资方面的各种扭曲行为。改革以后，在一定程度上切断了政府与银行之间的联系，银行根据贷款方的未来前景做出各种贷款决策。因此，实际贷款利率越来越能反映资本的真实价格。因此，在资本相对稀缺的中国，当没有行政手段扭曲利率时，实际利率将

① 2008 年 1 月 1 日起实施的新企业所得税法又将企业所得税下调为 25%。不同时期下还有相应的减免政策。
② 这里的营业税主要指对服务行业的营业税，英文一般用 Business Taxes。上文提到的营业税主要指全行业的，英文一般用 Turnover Taxes。

会显著提高。根据费雪效应可知，这一点需要结合名义利率与通货膨胀率来体现。图3-7为1991年以来法定贷款名义利率（一年定期）[①]。可以看到，虽然表面上"分税制"以后的名义贷款利率出现了明显的下滑（基本保持在6%左右），但图3-6显示出这一时期甚至存在着一定程度的通货紧缩（基本保持在105%以下，平均为102%，个别时期小于100%），两者结合起来反映出这一时期的实际利率显著提高。反观1991~1995年，虽然这一时期名义贷款利率相对较高（8%~12%），但这一时期的CPI指数也不断攀升，通货膨胀问题严重（最高时达到124%，平均为113%），因此实际贷款利率反而处于较低水平。可见，随着银行系统改革的完善，中国资本的稀缺性逐渐地通过实际利率的攀升体现出来。

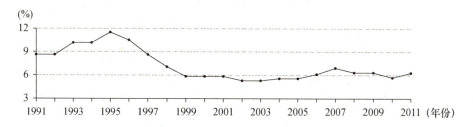

图3-7　中国1991~2011年金融机构法定贷款名义利率

这一时期的一系列改革措施矫正了许多资源配置扭曲的问题。资本开始流向对其评价最高的部门。例如，营业税划归地方财政以后，地方政府开始关注企业的利润，增加了改善经济环境的激励，削弱了过度发展高营业税行业的激励。比如，当市场出清价格成为唯一价格之后，监管企业资金信息的成本明显降低，中央政府不再是只关注大型国企，而是关注所有企业，不论国有还是私有，也不论大型还是小型，政府均可以通过增值税的方式获取相应的财政收入，因此，政府不再偏向于大型国企，这便有利于各种企业之间的有效竞争。再如，以前对工业的过度投资，使得资本不断从农业或其他行业转入工业，导致资本在工业中的边际收益率远小于农业或者其他行业，因此，当政府没有影响投资决策的激励时，资本将从工业重新流向农业或其他行业，这一点也得到了Gordon和Li（2011）的数据证实。最终，

[①] 数据整理自《新中国六十年统计资料汇编》和《中国统计年鉴》（2012），当年未调整利率的按上年计，当年多次调整的按算术平均值计。

一方面企业所得税的降低扩大了企业的利润空间，企业可根据实际的潜在收益做出理性的投资决策，另一方面银行也将依据其评估的回报率，而不是企业的类型，做出理性的借贷决策。不管是投资决策，还是贷款决策，企业和银行都比政府更具有信息优势，其决策自然更有利于社会经济发展。由此可见，这一系列的改革措施在矫正资源配置扭曲、避免资本的无效率使用，并确保资本流向对其评价最高的部门方面起到了重要作用。

这一阶段，除了着眼于体制内财政收入的分税制改革，还有针对体制外财政收入的"税费改革"。分税制改革矫正了诸多资源配置的扭曲，而"税费改革"则主要解决了费大于税的问题。从图3－8可以看到，改革开放以来，预算外收入一直保持着10%～20%的增长率（右坐标轴），再加上预算内收入增长缓慢，导致预算外收入占预算内外收入总和的比重不断提高，1992年时甚至超过了预算内收入，其比例达到50%以上（左坐标轴）[①]。针对这一问题，时任国务院总理的朱镕基在1993年3月19日首次记者招待会上的讲话推动了新一轮的"税费改革"。从图3－8可以看到，在此之后，一方面是预算外收入的增速逐渐放缓，另一方面是预算内收入的快速增长，这使得预算外收入的比重持续下降，从1992年的50%以上，一直下降到2010年的不到10%。不仅如此，从预算外资金的支出结构看，1993年及以前的预算外收入几乎全部用于工业相关领域，如固定资产投资、大修理支出、科技三项费用支出和增补流动资金等。而在此之后，2007年与2008年，有1/3以上预算外收入都用于了教育支出。

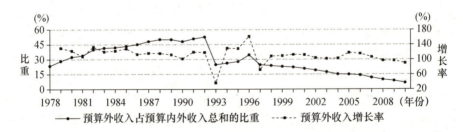

图3－8　1978～2010年预算外财政收入的变化情况

与此同时，财政体制的改革也集中解决了"两个比重"不断下降的问题。通过税收范围的划分，中央政府控制了大部分的财政收入，从而提高

---

① 数据来自《中国统计年鉴》（2011）和《中国财政年鉴》（2009）。

了中央财政收入占总财政收入的比重，如图3-3所示，这一比重从1993年的22%提高到了50%以上。通过价格机制的并轨，政府监管企业资金流的成本更低，降低了偷逃税款的可能性，使得税收收入占GDP的比重也不断提高，如图3-1所示，这一比重从1993年的11.7%提高到了2011年的21.97%。因此，这一阶段地方政府的规模呈现出不断扩大的趋势。

1994年以来的各种改革措施使政府摆脱了"放权让利"的不规范做法，打破了价格"双轨制"下财政收入过度依赖国有企业的格局，搭建了社会主义市场经济税收制度的基础框架，从而解决了上一阶段存在的诸多问题，进一步完善了社会主义市场经济体制，促进了我国经济更加平稳快速的发展。因此，无论政界还是学界都给出了极高的评价。但是，分税制是根据我国具体国情进行分权的初步尝试，因此许多制度上的问题依然没有解决。户籍制度就是其中之一。户籍制度限制了居民的自由流动，削弱了居民因退出给地方政府带来的压力，因此当财政收入不足以弥补成本时，地方政府就没有提供公共服务的激励，这就可能造成公共服务的供给不足，以及地区间的供给不均等问题（贺军，2011）。与此同时，财权与事权的不一致使得地方没有足够的财政收入来完成对应的公共服务，这也正好为这些问题的形成提供了必要条件。虽然中央政府可以通过专项转移支付的方式来弥补地方政府提供公共服务的成本，确保地方政府在这些方面的必要支出。但在地方政府没有制定税率和税基的权力时，在分权不够彻底的情况下，"粘纸效应"的存在将导致因转移支付增加引起的地方政府规模的膨胀（范子英和张军，2010）。因此，这一时期的政府规模扩大并没有带来同等水平的公共服务的供给，这些问题只有通过制度上的改革才能从根本上得到解决。

第三节 中国地方政府规模的基本现状

通过前面的梳理可以看到，在"用手投票"与"用脚投票"监督机制不够完善的前提下，财政体制的改革是推动地方政府规模与结构变迁的主要原因之一。1955~2011年，政府规模基本呈现出先缩小再膨胀的过程。其中，最高点出现在新中国成立初期，达到40%左右。而最低点出现在

"分税制"前后，只有10%多一点。"分税制"以后，总收入与总支出规模开始逐渐提高，2009年达到20%以上。与其他国家相比，该指标基本处于世界平均水平以下。例如，国际货币基金组织2008年的《政府财政统计年鉴》显示，美国2007年财政收入占GDP的比重为34.41%，其中中央财政收入占GDP的比重为19.49%。再如，财政部根据《政府财政统计年鉴》计算的结果指出，51个国家的财政收入占GDP的比重平均为40.6%，21个工业化国家的平均水平为45.3%，30个发展中国家的平均水平为35.9%[①]。这些数据都反映了中国的财政收入比重低于世界平均水平情况。但这些数据与我们的主观感受似乎存在一定的差距，我们总是觉得我国政府对经济社会的控制能力不会低于世界平均水平，甚至应该位于世界前列。有学者指出，其原因之一可能是中国存在大量的预算外收入（颜廷锐和张艳，2003）。但其实这并不是主要原因。因为1994年的"税费改革"以后，预算外收入的规模已经逐步得到控制了（见图3-8），即使将预算外收入考虑在内，也不会产生显著的影响。例如，2009年中国财政预算内外总收入占GDP的比重为22.64%，比只考虑预算内的19.78%高了不到3个百分点，依然显著低于发达国家的平均水平。那么，真正的原因可能来自于政府与国有企业，以及金融系统的内在联系，比如政府对国有企业资本的控制，政府对国有银行贷款决策的影响，政府对国有银行的担保机制等（何贤杰、朱红军和陈信元，2008；廖国民和刘巍，2005；余明桂和潘红波，2008）。这种内在的联系使得许多资本是政府可以控制的，但又不计在财政收入之内，同时，许多政府支出也没有体现于财政支出之中，比如"四万亿"投资。因此，可做出如下猜测。

猜测一：中国地方政府存在着许多不能由财政收入与支出直接反映的隐性规模。

这一猜测说明，虽然从财政数据上看中国政府财政收入与支出的规模低于发达国家的平均水平，但是实际的政府规模与其对社会经济的影响能力并非如此（后面将从某一个角度对此猜测进行一些初步的解释或说明）。

这一现象还促使本书比较政府支出的另外一个指标，即政府消费。虽然中国政府的财政收入与支出规模明显低于发达国家的平均水平，但是政

[①] 数据取自 http://www.mof.gov.cn/zhuantihuigu/zhongguocaizhengjibenqingkuang/caizhengshouru/200905/t20090505_139487.html。

府消费的水平却明显高于发达国家的平均水平。如表 3 - 1 所示，中国的政府消费水平基本保持在 15% 以上，是美国的两倍还多。上述指标之间的巨大反差可能反映了统计口径的不同。许宪春（2010）指出，政府消费与政府财政支出主要存在两点差异：一是财政支出包括投资性支出、转移性支出和经常性业务支出，而政府消费则只包括其中的经常性业务支出；二是政府消费还包括政府部门所使用的固定资产的折旧。那么，经常性业务支出具体包括什么内容呢？《中国统计年鉴》对该指标的解释为：政府消费是指政府部门为全社会提供的公共服务的消费支出和免费或以较低的价格向居民住户提供的货物和服务的净支出，前者等于政府服务的产出价值减去政府单位所获得的经营收入的价值，后者等于政府部门免费或以较低价格向居民住户提供的货物和服务的市场价值减去向住户收取的价值。由此可知，政府消费可以基本理解为政府因提供公共服务而产生的消费支出。如此看来，这又是否反映了中国公共服务的供给水平高于发达国家的平均水平呢？显然，这与主观感受也存在着不小差异，我国公共服务的供给水平明显不如美国等发达国家。其实，公共服务的供给水平还受到供给成本的影响，即行政成本。当行政成本相同时，高的政府消费才能带来高水平的公共服务供给。这就说明，较高的行政成本或者高水平的公共服务供给都可能带来较高的政府消费。虽然没有直接的证据可以说明中国的行政成本较高，但是，零散的新闻报道以及部分的官方数据都可以从不同的侧面反映这一问题。例如，刘霖（2005）发现，中国政府部门的人均消费支出与全国人均 GDP 之比远远高于发达国家的水平，即行政成本较高。全国人大常委会办公厅研究室特约研究员王锡锌也曾公开指出，中国的"三公"支出可能达到 9000 亿元，接近财政支出的 30%。即使这一数据的来源不够可靠，那么从官方的统计数据也可以得到类似的结论。例如，2009 年的《中国统计年鉴》显示，2008 年的一般公共服务支出为 9795.92 亿元，占支出总额的 15.65%，而教育支出为 9010.21 亿元，占支出总额的 14.39%。可将这一数据与美国进行对比，2008 年美国州及地方政府的行政管理费占财政支出总额的 4.47%，而教育支出占支出总额的 29.1%[1]。虽然，两组数据因来源不同，可能在统计口径上存在一定的差异，但巨大的反差也足以说明其中的问题。因此可做如下猜测。

---

[1] 数据来自 U. S. Census Bureau，http：//www.census.gov//govs/estimate/historical_ data_ 2008.html。

猜测二：中国较高的政府消费更可能是反映了较高的行政成本，而不是高水平的公共服务供给。

表 3 - 1　主要国家主要年份政府消费占 GDP 的比重[①]　单位：%

国家	1978 年	1992 年	2007 年	2008 年	2009 年	2010 年
加拿大	7.85	7.64	6.16	6.31	7.15	6.97
中国	13.97	18.70	17.08	17.12	16.82	16.61
古巴	22.52	23.70	27.17	28.94	28.32	28.40
法国	7.21	7.39	6.83	6.87	7.36	7.41
德国	8.38	6.23	5.39	5.47	6.06	5.93
印度	10.45	12.38	11.15	12.03	12.57	11.96
日本	5.61	5.05	6.80	6.92	7.75	7.69
俄罗斯	—	6.99	7.02	6.59	8.01	8.83
英国	9.64	8.77	6.99	7.20	8.11	7.89
美国	8.65	8.27	6.50	6.86	7.52	7.48

最后需要指出一点，不管中国政府是否存在较大的潜在规模，也不管中国政府的行政成本究竟如何，只要这种潜在的因素随时间的变化不大，并且在不同地区之间没有显著差异，即样本处于相同或相近的背景下，那么，就可以保障后续实证分析结论的无偏性（在分析过程中控制这些因素的变化也是一种处理方法，但这些因素由于难以观测而不容易控制）。由于中国各地方政府基本处于相同的背景与政策环境之中，因此，基本可以接受如上假设。在此前提之下，本书接下来将详细地比较、分析和估计中国地方政府规模的最优水平，以及规模与结构的优化问题。

---

① 数据整理自 Alan Heston，Robert Summers and Bettina Aten，Penn World Table Version 7.1，Center for International Comparisons of Production，Income and Prices at the University of Pennsylvania，July 2012，URL：http：//pwt. econ. upenn. edu/php_ site/pwt_ index. php。

第四章 中国地方政府最优规模：
估计、比较与选择

政府规模的最优估计一直是学界关注的焦点。最优规模的估计模型与实证检验结果都十分丰富。虽然，这些模型大多基于"Barro 法则"与"Armey 曲线"，但模型估计的结果却存在着显著的差异。显然，研究对象的不同，或者同一对象的不同观测时间是引起差异的原因之一。但是，一些样本相同或比较接近的研究，由于使用模型的不同，也得到了不一致的结论。那么，对于中国地方政府而言，哪种模型的描述最为合理，在此有必要对其进行比较与选择，并从中估计得到中国地方政府的最优规模。

第一节　基于"Barro 法则"的估计模型

Barro（1990）认为，即使政府行为是生产性的，这种生产性活动也具有边际收益递减的特征。当政府规模较小时，政府行为有利于经济的增长。相反，当政府规模超过某一临界值时（最优规模），政府行为将开始阻碍经济的增长。因此，Barro 在假设政府活动是生产性的基础上分析了内生经济增长模型中的政府支出，并证明了政府最优规模的判断标准为政府支出的边际收益等于 1。Karras（1996）在一般性生产函数的基础上，利用这一判断标准导出了一种政府最优规模的估计模型。

一、Karras 模型与其衍生形式

在"Barro 法则"的基础上，Karras（1996）从一般性生产函数推导出

的模型是估计政府最优规模的重要模型之一。首先，假设一个一般性的生产函数，它的基本形式可记为 Y = F(K, N, G/N)。其中，Y 是实际产出量，K 是资本投入要素，N 是全社会劳动力投入要素，G 是政府实际支出要素。并且，这些变量都是时间 t 的函数。就生产函数 F 而言，假设其是一次齐次函数，即当资本 K、劳动力 N 以及政府支出 G 这三种投入要素同时翻倍时，产出就会翻倍。并且，每一种投入要素都具有边际收益递减的特征，即所有自变量的一阶偏导均大于零，二阶偏导均小于零。这反映出三种要素投入的增加会引起产出的增加，但产出增加的速度会逐渐降低。对此生产函数求关于时间 t 的导数可以得到如下关系：

$$\dot{Y} = \frac{\partial F}{\partial K}\dot{K} + \frac{\partial F}{\partial N}\dot{N} + \frac{\partial F}{\partial g}\dot{g}$$

上式中 g = G/N。将上式两边同时除以 Y，并进行简单的调整，可得到如下关系：

$$\frac{\dot{Y}}{Y} = \frac{\partial F}{\partial K}\frac{K}{Y}\frac{\dot{K}}{K} + \frac{\partial F}{\partial N}\frac{N}{Y}\frac{\dot{N}}{N} + \frac{1}{N}\frac{\partial F}{\partial g}\frac{G}{Y}\frac{\dot{g}}{g}$$

进一步将 g = G/N 代入上式，可以得到[①]：

$$\frac{\dot{Y}}{Y} = \frac{\partial F}{\partial K}\frac{K}{Y}\frac{\dot{K}}{K} + \frac{\partial F}{\partial N}\frac{N}{Y}\frac{\dot{N}}{N} + \frac{\partial F}{\partial G}\frac{G}{Y}\frac{\dot{g}}{g}$$

如果将资本的边际收益 $\partial F/\partial K$ 记为 MPK，将劳动力的边际收益 $\partial F/\partial N$ 记为 MPN，将政府支出的边际收益 $\partial F/\partial G$ 记为 MPG，同时将资本的产出弹性 MPK × K/Y 记为 α[②]，劳动力的产出弹性 MPN × N/Y 记为 β。那么，可将上式改写为如下形式：

$$\frac{\dot{Y}}{Y} = \alpha\frac{\dot{K}}{K} + \beta\frac{\dot{N}}{N} + MPG \times s \times \frac{\dot{g}}{g}$$

其中，s = G/Y 就是政府支出占总产出的比重，正好为政府规模。根据"Barro 法则"，当政府支出的边际收益等于 1 时（MPG = 1），政府规模达到

---

① 在 Karras 的推导中暗指劳动力 N 的短期变动对产出没有显著影响，因此可视为常数，或者可理解为劳动力 N 对产出 Y 的变动的解释可全部通过 $\partial F/\partial N$ 体现出来。因此，可将劳动力 N 直接乘入偏导 $\partial F/\partial g$ 中。即劳均政府支出的边际收益等于政府支出边际收益的 N 倍：MPG = $\partial Y/\partial G$ = (1/N) $\partial F/\partial g$。

② Karras 为了估计资本的边际产出 $\partial F/\partial K$，将 K/Y 放在自变量中，因此，该变量从资本存量增长率变为了投资率 $\dot{K}/Y$［将持平投资 (n + g + δ) k 计算在内］。

最优。此时每增加一单位的政府支出，就会相应地增加一单位的实际产出。如果政府支出是生产性的，且满足边际收益递减的特征。那么，当 MPG > 1 时，政府每增加一单位的支出，就可以增加超过一单位的实际产出。此时的政府规模较小，可以通过增加政府支出获得更高的产出水平。相反，当 MPG < 1 时，政府每增加一单位的支出，只能带来小于一单位的实际产出。此时的政府规模较大，应该通过减少政府支出来获得更高的实际产出。因此，只有当 MPG = 1 时，政府的每一单位支出的增加都会带来同等单位的实际产出，是最优的政府规模。

为了获得最优政府规模的估计值，可以改写上式，将其调整为一般的线性回归模型，以面板数据结构为例，可以写成如下形式：

$$(\dot{Y}/Y)_{it} = \_ \ const + a_i + \alpha(\dot{K}/K)_{it} + \beta(\dot{N}/N)_{it} + \gamma(\dot{g}/g)_{it} + v_{it} \qquad (4-1)$$

该模型中，下标 i 表示不同的个体，下标 t 表示不同的观察时间，a_i 是个体间不随时间改变的固定效应（也可以假设为随机效应），v_{it} 为随机干扰项，符合白噪声的假设。待估计参数中，$\gamma = MPG \times s$ 是估计模型所关注的重点。如果让政府规模处在最优水平，即政府支出的边际收益等于 1（MPG = 1），那么，就要满足 $\gamma/s = 1$ 的条件。因此，当政府规模 s 等于估计值 γ 时，政府规模就达到了最优水平，即政府最优规模 $s^* = \gamma$。简言之，只要估计上述回归方程，其估计结果中的待估计参数 γ 的估计值就是最优的政府规模。

在 Karras（1996）的模型中，还有一种最优政府规模的假设与处理方法。由于政府支出边际收益递减的特点，可以假设政府支出的边际产出 MPG 与政府支出之间存在一个简单的线性关系，即 MPG = a + b（s）。将这一假设带入上面的回归模型（4 - 1）中，可以得到一个新的回归模型：

$$(\dot{Y}/Y)_{it} = \_ \ const + a_i + \alpha(\dot{K}/K)_{it} + \beta(\dot{N}/N)_{it} + a[(\dot{g}/g)s]_{it} + b[(\dot{g}/g)s^2]_{it} + v_{it}$$

对该回归方程进行估计，可以得到待估计参数 a 与 b 的估计值。当政府规模处于最优水平，即政府支出的边际收益 MPG = 1 时，就有 a + b(s) = 1。那么，将 a 与 b 的估计结果带入该等式中，可以得到最优的政府规模 $s^* = (1 - a)/b$。根据政府边际产出随着政府规模递减的理论预期，可预计 b 的估计结果应该为负。

Karras 利用上述两种回归模型不仅获得了较为一致的结论，而且该结论也比较符合实际预期。他的实证结论表明，非洲的政府规模偏大，亚洲的政府规模偏小，而北美洲、南美洲与欧洲的政府边际产出比较接近 1，基本处在最优政府规模的水平之上。同时发现，非洲的最优政府规模在 20% 左右，北美的最优政府规模在 16% 左右，南美的最优政府规模在 33% 左右，亚洲的最优政府规模在 25% 左右，欧洲的最优政府规模在 18% 左右。基于该模型，马拴友（2000）的估计结果发现中国政府的边际产出显著大于 1，说明政府劳动供给不足，政府规模偏小，扩大政府规模可以促进经济增长。同时也得到中国的最优政府规模大约在 26.7%。

考察 Karras 在推导估计模型时所设置的生产函数可以发现，他将政府支出以劳均形式对生产函数进行处理的方法有些特别。通常的处理方式要么是全部以非劳均的形式进入方程，要么是全部以劳均的形式进入方程。对于这一特别的处理方式，Karras 并没有给出更为详细的解释与说明。因此，国内许多学者在此基础之上推导出了一些其他形式的估计模型，并对中国的最优政府规模进行了估计。孙群力（2006）在生产函数的设置中，将政府支出以整体量的形式进入方程，其他假设均与 Karras 相同，其基本形式为 Y = F（K，N，G）。在处理方法上，首先利用生产函数的一次齐次假设，将方程两边同时除以劳动力 N，得到生产函数的劳均形式，即 y = f（k，g）。然后，对劳均形式的生产函数求关于时间 t 的导数，再将两边同时除以劳均实际产出 y。这样就可得到如下待估计的回归方程，同样以面板数据结构为例，可记为：

$$(\dot{y}/y)_{it} = \_\ const + a_i + \alpha(\dot{k}/k)_{it} + \gamma(\dot{g}/g)_{it} + v_{it} \tag{4-2}$$

从回归模型看，Karras 原来的模型只是政府支出以劳均的方式进入回归方程，而该模型是将全部的生产要素和实际产出，都以劳均的形式进入回归方程。从孙群力的估计结果来看，政府财政支出的最优规模为 10.6%，政府消费支出的最优规模为 10.2%。

马树才和孙长清（2005）也将政府支出以整体量的形式进入方程。但在处理方式上没有先对生产函数进行劳均处理。因此，最终的待估计方程中，所有的生产要素和实际产出，都是以非劳均的形式进入回归方程的。具体形式如模型（4-3）所示。他们的估计结果显示，中国政府的最优财政支出规模约为 24%[①]。

---

① 其在处理方式上有点特别：假设生产函数为特殊的 C-D 生产函数，没有对时间求导，而是直接两边取对数。因此，最终是以实际量进入回归方程，而不是增长率的形式。

$$(\dot{Y}/Y)_{it} = \_\ const + a_i + \alpha(\dot{K}/K)_{it} + \beta(\dot{N}/N)_{it} + \gamma(\dot{G}/G)_{it} + v_{it} \qquad (4-3)$$

除了使用劳均量与非劳均量两种变化以外，还有学者在生产函数中加入了一些其他的控制变量。但其处理方法不外乎以上几种。最终的差异只是体现在回归模型中增加了一些控制变量。这一做法可能使得估计结果更为有效。然而，由于控制变量的选择具有一定的随意性，或者有时具有一定的针对性，因此从一般性的角度来看，资本与劳动力这两个要素基本可以涵盖各种主要的生产要素。基于此，本书不再考虑其他的控制变量，仅重点考察 Karras 导出的模型及其相应的衍生形式。为了便于对三种模型进行区分，现将 Karras 导出的估计模型称作劳均政府支出模型，而将另外两种衍生形式分别称为劳均模型与非劳均模型。接下来，就在相同的样本空间下考察基于"Barro 法则"的最优规模估计模型，比较不同模型在估计结果上的差异。

二、数据说明

不同的模型设置与不同的政府规模衡量指标，使得样本中的多个变量受到了数据缺失的影响。为了获得相同的样本空间，最终的数据结构为省级面板数据，包括 23 个地区 1978~2010 年的观测数据（全社会从业人员可获得的最新数据为 2010 年），共计 736 个样本[1]。在数据指标的选择上，总产出 Y 用实际 GDP 来衡量，劳动力 N 使用全社会从业人员数量衡量，资本 K 使用全社会固定资本存量衡量。其中，政府支出 G 从三个角度考虑，分别是财政预算收入、财政预算支出以及政府消费。下面分别对这些指标的来源及其核算方法进行说明。

第一，实际 GDP 通过支出法的名义 GDP 以及支出法的 GDP 指数核算而来[2]，2008 年及以前的数据来自《新中国六十年统计资料汇编》，2008 年以后的数据来自历年的《中国统计年鉴》。具体的核算方法是，先通过如下公式计算出以基年为准的实际 GDP 指数，基年选择为 1952 年。

$$GDPIndex_t(1952) = \frac{GDPIndex_{t-1}(1952) \times GDPIndex_t(t-1)}{100}$$

---

[1] 由于数据缺失，不包含江西、湖北、海南、重庆、西藏、宁夏、四川、福建。估计模型的增长率需要一次差分，由于缺少 2011 年的全社会从业人员数据，因此每一个体均缺少一次观测值。

[2] 由于使用了政府消费数据，为了保持数据的一致，也使用支出法的 GDP，下同。

得到以基年为准的实际 GDP 指数以后，可通过下式计算实际 GDP，并可由此得到相应的 GDP 平减指数。为了处理上的简单，本书利用 GDP 平减指数核算后面所有的名义变量。

$$RealGDP_t = GDPIndex_t（1952 = 100）\times NominalGDP_{1952}$$

第二，全社会固定资本存量使用永续盘存法进行核算。如果用 K 表示实际固定资本存量，用 E 表示资本流量，那么存量的计算公式如下：

$$K_t = E_t + (1 - \delta) K_{t-1} \tag{4-4}$$

式（4-4）中有三点需要说明。首先，资本流量的指标有两个可供选择，一个是固定资本形成总额，另一个是全社会固定资本投资总额。许宪春（2010）指出这两个指标主要存在四个重要差异：一是固定资本形成总额是支出法 GDP 中的一部分，是生产活动的统计，因此不包括土地购置费、旧设备和旧建筑物购置费；二是全社会固定资产投资不包括城镇和农村非农户 50 万元以下项目的固定资产投资；三是全社会固定资产投资不包括矿藏勘探、计算机软件等无形生产资产方面的支出；四是全社会固定资产投资不包括房地产开发商的房屋销售收入和房屋建造投资成本之间的差额。综合这四点差异可知，固定资本形成总额在反映资本流量方面更为全面和完整，而且张军和吴桂英等（2004）的选择也是如此。因此，本书也选择固定资本形成总额作为核算所用的数据。

其次，折旧率 δ 选择为 10%，这一假设不会对结果产生显著的影响，许多研究也都采用类似的假定。例如，张军和吴桂英等（2004）在估算中国固定资本存量时综合考虑了各种情况，将折旧率最终设置为 9.6%。

最后，还需要计算基年的实际固定资本存量 K_0。基年数据的估计通常假设实际固定资本存量的平均增长率等于实际固定资本形成总额的平均增长率（Goto 和 Suzuki，1989；Coe 和 Helpman，1995），那么，在该假设下可以得到如下关系：

$$(K_t - K_{t-1})/K_{t-1} = (E_t - E_{t-1})/E_{t-1} = g$$

根据以上关系可知，在 t = 1 时，可以利用 $K_1 = (1 + g) K_0$ 或者 $K_1 = E_0 + (1 - \delta) K_0$ 得到 K_1。由此就可得到 K_0 的计算公式为 $K_0 = E_0/(g + \delta)$。此式中，只有平均增长率 g 还是未知的。对于平均增长率 g 的计算方式，根据 Hall 和 Jones（1999）在估计各国 1960 年的资本存量时的方法，也可使用几何平均数来计算平均增长率。在计算的年份选择上，本书通过一些初步的测试数据发现，时序越靠后越能够满足前面做出的基本假设，即越能够满足固定资本存量的平均增长率等于实际固定资本形成总额的平均增长率这一假设。因此，选择近十年（2001~2010年）的数据计算几何平均增长率。至此，就可利用永续盘存法进行迭代，并得到历年的实际固定资本存量。

第三，政府支出的三个指标来源相同，2008年及以前的数据来自《新中国六十年统计资料汇编》，2008年以后的数据来自历年《中国统计年鉴》。需要指出，《中国统计年鉴》中预算收入与预算支出正好等于《中国财政年鉴》中的决算收入与决算支出。这仅是数据意义上的差别，不影响估计的结果。

三、估计结果及比较

由于数据结构为面板数据，且模型设置为静态面板，因此，在估计方法上使用固定效应（FE）与随机效应（RE）两种。再加上政府规模的三个衡量指标，所以每个模型可以得到六个估计结果。

首先考察劳均政府支出模型的估计结果，如表4-1所示，回归方程如模型（4-1）所示。表4-1中左边一列的变量分别代表如下内容：K为全社会固定资本存量的增长率，N为全社会从业人员的增长率，c为劳均政府消费的增长率，r为劳均财政预算收入的增长率，e为劳均财政预算支出的增长率。本小节内，估计结果中变量标记的意义保持一致，不再重复说明。

表4-1　劳均政府支出模型的估计结果

	GDP	GDP	GDP	GDP	GDP	GDP
K	0.2398*** (0.0622)	0.2610*** (0.0573)	0.2268*** (0.0587)	0.2444*** (0.0539)	0.2130*** (0.0568)	0.2326*** (0.0521)
N	-0.0278 (0.0497)	-0.0102 (0.0553)	0.0256 (0.0457)	0.0397 (0.0474)	0.0666 (0.0480)	0.0794 (0.0514)
c	0.0203* (0.0111)	0.0214* (0.0110)				
r			0.0502*** (0.0111)	0.0520*** (0.0114)		
e					0.0629*** (0.0131)	0.0637*** (0.0119)

续表

	GDP	GDP	GDP	GDP	GDP	GDP
_const	0.8384 ***	0.7950 ***	0.7677 ***	0.7312 ***	0.7265 ***	0.6902 ***
	(0.0979)	(0.0976)	(0.0973)	(0.0915)	(0.0849)	(0.0840)
Type	FE	RE	FE	RE	FE	RE
R^2	0.1141		0.1522		0.1449	
Adj R^2	0.0829		0.1223		0.1148	

注：圆括号内为自体抽样（Bootstrap）标准误，抽样次数为1000。* 代表 $p < 0.1$，** 代表 $p < 0.05$，*** 代表 $p < 0.01$。

从六个估计结果可以看到，全社会固定资本存量增长率的估计系数，与全社会从业人员增长率的估计系数比较稳健。其中资本存量增长率 K 的估计结果在 0.23 附近波动，与实际情况较为一致。而 N 的估计结果有正有负，但都不显著，这说明劳动力的增长不是经济增长的关键因素。需要重点关注的是政府规模指标的估计结果。不难发现，不同的衡量指标得到的估计结果具有显著差异。这说明，从不同的角度来衡量政府规模，其最优标准就会不同，这也符合一般的理论预期。具体来说，如果以政府消费占GDP 的比重来衡量政府规模，那么最优政府规模只有 2.03% 或者 2.14% 左右；如果以财政预算收入占 GDP 的比重来衡量政府规模，那么最优政府规模约为 5.02% 或者 5.20%；如果以财政预算支出占 GDP 的比重来衡量政府规模，那么最优政府规模的估计结果最大，大约为 6.29% 或者 6.37%。为了得到更为稳健的推断结果，本书使用自体抽样（Bootstrap）标准误进行推断，结果为除了政府消费衡量指标的估计结果只能在 10% 的显著性水平下显著以外，其他两个衡量指标下的估计结果均可在 1% 的显著性水平下显著[1]。虽然拟合优度 R^2 不高，但也在非时间序列数据的正常范围内，而且拟合优度只是反映模型的解释程度，并不影响估计系数的性质，因此并不会对本书的结论产生显著影响。

比较并检验固定效应与随机效应的估计结果，虽然采用不同的估计方法得到的结果看似较为一致，但从 Hausman 检验的结果来看，三组检验结果要

---

[1] 采用 Driscoll 和 Kraay 标准误时，政府消费的推断结果将变得不显著。未采用这一结果的原因在于，方程中的变量均为增长率，存在序列相关的可能很小。

么是无法得到 p 值，要么是拒绝不存在系统性差异的原假设。不论哪种结论都说明随机效应的前提假设并不成立，因此，固定效应的估计结果更为合适。

还有一点需要明确，不同衡量指标得到的最优标准的差异并不是说明政府最优规模的调整存在三个或者更多个目标。而是因为这三个最优目标其实是反映了政府规模的三个维度，根据假设一可知，政府规模的不同维度之间通常是高度相关的。因此，一个最优目标的实现就是另外两个最优目标的实现或接近。

其次考察劳均模型，其估计结果如表 4 - 2 所示，回归方程如模型（4 - 2）所示。在表 4 - 2 的估计结果中，k 为劳均全社会固定资本存量的增长率。其他变量的意义同劳均政府支出模型。与上一个估计结果类似，劳均全社会固定资本存量增长率 k 的估计结果较为稳定。但是，不同的政府规模衡量指标依然得到了不同的估计结果。从自体抽样（Bootstrap）标准误的推断结果看，政府消费占 GDP 的最优规模在 4.50% 或者 4.96% 左右；财政预算收入占 GDP 的最优规模在 6.97% 或者 7.17% 左右；而财政预算支出占 GDP 比重的最优规模在 10.49% 或者 10.74% 左右。比较固定效应与随机效应，Hausman 检验的结果同样认为固定效应的假设更为合理。

表 4 - 2 劳均模型的估计结果

	GDP	GDP	GDP	GDP	GDP	GDP
k	0.4624 ***	0.4473 ***	0.4353 ***	0.4229 ***	0.3900 ***	0.3823 ***
	(0.0769)	(0.0756)	(0.0731)	(0.0736)	(0.0742)	(0.0720)
c	0.0450 ***	0.0496 ***				
	(0.0165)	(0.0161)				
r			0.0697 ***	0.0717 ***		
			(0.0145)	(0.0141)		
e					0.1049 ***	0.1074 ***
					(0.0161)	(0.0167)
_const	0.5158 ***	0.5277 ***	0.5218 ***	0.5337 ***	0.5326 ***	0.5385 ***
	(0.0831)	(0.0803)	(0.0811)	(0.0811)	(0.0716)	(0.0693)
Type	FE	RE	FE	RE	FE	RE
R^2	0.3571		0.3929		0.4045	
Adj R^2	0.3354		0.3724		0.3844	

注：圆括号内为自体抽样（Bootstrap）标准误，抽样次数为1000。* p 代表 < 0.1，** 代表 p < 0.05，*** 代表 p < 0.01。

最后考察非劳均模型，估计结果如表 4-3 所示，回归方程如模型（4-3）所示。在表 4-3 的估计结果中，C 为政府消费的增长率，R 为财政预算收入的增长率，E 为财政预算支出的增长率。其他变量的意义同上。在估计结果中，全社会固定资本存量增长率 K 的估计结果同样较为稳定，不同的政府规模衡量指标所得到的最优估计结果同样存在显著差异。从自体抽样（Bootstrap）标准误的推断结果看，政府消费占 GDP 的最优规模在 1.92% 或者 2.02% 左右；财政预算收入占 GDP 的最优规模在 4.97% 或者 5.14% 左右；财政预算支出占 GDP 比重的最优规模在 6.25% 或者 6.33% 左右。而 Hausman 检验的结果也依然同上。

表 4-3 非劳均模型的估计结果

	GDP	GDP	GDP	GDP	GDP	GDP
K	0.2400 ***	0.2615 ***	0.2268 ***	0.2439 ***	0.2129 ***	0.2322 ***
	(0.0635)	(0.0562)	(0.0577)	(0.0522)	(0.0580)	(0.0520)
N	-0.0505	-0.0339	-0.0280	-0.0161	-0.0029	0.0090
	(0.0452)	(0.0496)	(0.0424)	(0.0464)	(0.0424)	(0.0467)
C	0.0192 *	0.0202 *				
	(0.0114)	(0.0111)				
R			0.0497 ***	0.0514 ***		
			(0.0109)	(0.0111)		
E					0.0625 ***	0.0633 ***
					(0.0127)	(0.0119)
_ const	0.8622 ***	0.8195 ***	0.8220 ***	0.7882 ***	0.7968 ***	0.7615 ***
	(0.0976)	(0.0936)	(0.0913)	(0.0892)	(0.0847)	(0.0832)
Type	FE	RE	FE	RE	FE	RE
R^2	0.1138		0.1528		0.1455	
Adj R^2	0.0826		0.1230		0.1154	

注：圆括号内为自体抽样（Bootstrap）标准误，抽样 1000 次。* 代表 $p < 0.1$，** 代表 $p < 0.05$，*** 代表 $p < 0.01$。

综合比较以上三个模型的估计结果，可以得到以下三个结论。

第一，即使采用相同的估计模型与估计方法，只要政府规模的衡量标准不同，估计得到的最优政府规模就会显著不同，三个模型的估计结果都可以得到这一结论。从政府消费的角度看，最优政府规模的估计结果均为最小，而且在统计上不如另外两个指标的估计结果显著。从财政支出的角度看，最优政府规模的估计结果均为最大。而从财政收入的角度考察，则介于两者之间。政府消费角度的最优规模最小，正好符合并印证了第三章第三节的猜测二，说明我国的政府消费中包含了更多的行政成本，因此，从政府消费的角度衡量政府规模，其最优规模应该小于其他两个指标。而所有的估计中，结果最大的最优规模也只有10.49%，明显小于世界其他各国的最优规模（Karras，1996）。这实际上是说明了第三章第三节的猜测一，即我国政府的隐性规模可能较高，这导致从显性角度考察政府规模时，最优规模明显小于其他国家的水平。也就是说，虽然我国目前的财政支出占GDP的比重只有20%多一点，明显小于世界发达国家的平均水平，但这并不能说明我国政府规模可能处于最优水平之下，而是反映了我国政府的隐性规模可能较大。由于当前的政府显性规模是最优规模估计结果的两倍还多（见图3－2），因此，应该通过控制政府的显性规模或者隐性规模来缩小政府的实际规模。

第二，即使从同一个角度衡量政府规模，不同的模型设置同样得到不同的估计结果。从政府消费的角度看，非劳均模型的估计结果最小，只有1.92%，估计结果最大的是劳均模型，达到4.50%。同样的结论也出现在另外两个指标之中。从财政收入的角度衡量政府规模，其最小的估计结果为4.97%，最大的估计结果为6.97%。从财政支出的角度看，最小的估计结果为6.25%，最大的估计结果为10.49%。正是由于模型的差异才导致了估计结果的差异，因此需要比较不同模型的估计结果，选择更能拟合中国实际国情的估计模型。

第三，从Karras模型及其衍生出的两种模型来看，劳均模型的估计结果与中国的实际最为符合。其原因主要有四：首先，从劳均模型最优规模的估计结果看，政府支出的最优规模为10.49%，这一结果与孙群力（2006）的估计结果最为接近，也最为接近Karras（1996）对亚洲的估计结果（较大的样本拉高了最优规模的平均水平）。其次，从拟合优度看，劳均模型的拟合优度最高，达到了0.4045，是其他两个模型的两倍还多。再次，从资本的产出弹性MPK×K/Y看，劳均模型的估计结果为0.4左右，而其他两个模型都不到0.25。根据章上峰和许冰（2009）对中国时变弹性生产函数的估计结果可知，中国的资本弹性在0.6左右（未考虑政府支出对实际产出的影响可能导致资本弹性的增大），只有劳均模型最为接近。最后，从资本的边际收益MPK看，劳均模型的资本边际收益达到23.8%以上，而其他两个模型只有15%多一点，这说明劳均模型的估计结果更符合中国这种发展中国家的实际情况，同时与 Karras 的结果也较为一致①。根据以上四个原因，基本上可以认为劳均模型是这三种模型中最能拟合中国实际情况的模型。当然，还要将这一模型的估计结果与另外两类估计模型进行比较。

综合上面的比较与分析不难发现，在假设一成立的前提下，不同政府规模的测量指标高度相关，因此，最优政府规模的估计结果更敏感于模型的设置，而不是指标的选择。简言之，在基于"Barro 法则"的估计模型中，全部以劳均量形式进入生产函数的劳均模型最能拟合中国的实际数据。

第二节　基于"Armey 曲线"的线性估计模型

"Barro 法则"通过引入政府支出的边际收益这一中间变量，巧妙地将政府规模与经济绩效之间的非线性关系转变为政府支出的边际收益与经济绩效之间的线性关系。而 Karras 则进一步将其形式化，并得到了政府最优规模的线性估计模型。当然，不用这种线性变换的方式，直接地从非线性关系出发建构模型，也是许多研究对非线性关系的估计路径之一。

一、政府规模与经济绩效间的"倒 U 型"关系

经济学家 Richard Armey 借用"拉弗曲线"的形式，来反映政府规模与经济绩效之间的"倒 U 型"关系。如图 4 - 1 所示，当处于无政府状态时，实际的产出处于低水平阶段，而当政府控制了全部的投入与产出时，实际的产出同样将处于低水平阶段。只有在政府与市场共同决定资源配置的合理组合下，实际产出才有可能处于较高的水平。当政府规模非常小时，政府规模的持续扩张将带来更高的实际产出。但是，由于政府支出的边际收益是递减的，因此，当政府规模达到某一临界点时，政府规模的进一步扩张将不再引发更多的实际产出，而是导致实际产出的降低。由此便形成了政府规模与经济绩效之间的"倒 U 型"关系，并可称其为"Armey 曲线"。

---

① 资本边际收益的估计需要重新调整估计模型，参见58页脚注。

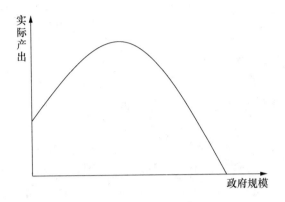

图 4 –1 Armer 曲线：政府规模与实际产出

形成这种关系的原因主要来自政府对于经济活动的正反两方面的影响。从积极影响的角度看，政府具有保障经济发展环境的作用。这至少可以体现在以下四方面：首先，没有政府在国防方面的支出，国内就缺少一个稳定的发展环境；其次，当政府规模很小，甚至处于无政府状态时，必然缺少相应的法律与法规，从而导致个人的财产很难得到保护，恃强凌弱与强占他人私有资产的事情就有可能随时发生，因此，个人缺乏储蓄与投资的激励，这进而会影响经济的增长；再次，没有政府的集体决策，各种能够降低交易成本的公共物品与服务就很难提供，比如公路、铁路、供电与供水等；最后，政府可以维护一个公平的交易环境，确保公平交易给交换双方带来的收益。因此，当政府规模的扩张处于初期阶段时，政府规模更多地表现为促进经济增长的作用。

然而，随着政府规模的不断扩张，边际收益递减的特征将越来越明显。各种基础设施建设与公共物品和服务的提供，在降低交易成本与促进经济增长方面的作用已经达到饱和。进一步的投资与建设将无法带来同等的收益。与此同时，政府规模扩大所带来的税收负担则开始逐渐放大。过多的税收将扭曲个体的经济行为，过高的关税也将限制国际贸易往来。此时，政府规模将失去有利于经济绩效的特征，更多地表现为阻碍经济增长的作用。

"Armey 曲线"的描述并不意味着政府规模的扩张不利于经济的增长。相反，这说明了政府所提供的公共物品与服务，在降低交易成本与促进实际产出方面具有重要作用。只是，与其他所有私人物品一样，公共物品与服务也具有边际收益递减的特征，过多的公共物品与服务同样会因为较低的收益与过高的税收扭曲，而最终导致有损于经济增长的结果。

二、模型与估计结果

根据政府规模与经济绩效之间的理论逻辑，以及 Armey 所描绘的如图 4-1 所示的曲线形状不难发现，可以通过附带二次项的线性回归方程来拟合"Armey 曲线"。Vedder 和 Gallaway（1998）就是采用这种方式检验了美国是否存在"Armey 曲线"，他们以实际 GDP 为因变量，以政府支出占GDP 比重的一次项和二次项为自变量，并考虑了时间因素和失业率这两个控制变量，最终的估计结果认为美国联邦政府支出的最优规模为 17.45%。钟正生和饶晓辉（2006）采用类似的模型设置对中国 1978~2004 年的数据进行了估计，结果认为，从这段时期看，中国还没有表现出"Armey 曲线"，并没有得到最优政府规模的估计值。钟正生和饶晓辉（2006）的研究是针对中国的时间序列数据，而且只有不到 30 期的观测值，再加上这一时期中国政府规模整体呈现出的变化特征，这些可能是导致这一估计结果的原因。那么，从地区的角度进行估计，就可以通过扩大个体数的方式增加样本量，并构成面板数据结构，从而提高模型的估计效率。对于模型的设置，与前面提到的一样，至少可以从劳均与非劳均两个角度考虑，为了避免重复，接下来主要从劳均量的角度进行分析[①]，具体形式与 Vedder 和 Gallaway（1998），以及钟正生和饶晓辉（2006）的处理方法类似：

$$(\dot{y}/y)_{it} = \_const + a_i + as_{it}^2 + bs_{it} + v_{it} \tag{4-5}$$

模型（4-5）中，因变量为实际劳均 GDP 的增长率，自变量为政府规模 s 的一次项与二次项。与前面的设置相同，政府规模也用财政预算收入、财政预算支出，以及政府消费这三个指标占 GDP 的比重来衡量。由模型的设置可知，如果存在"Armey 曲线"，那么待估计的参数 a 应该显著小于零，并且待估计的参数 b 应该显著大于零，此时估计的最优政府规模为（b/-2a）。对于个体效应 a_i，同样可以采用固定效应与随机效应两种假设分别处理。

模型（4-5）在三种不同衡量指标下的估计结果如表 4-4 所示。需要指出的是，表中第一行与通常的列表习惯不同，这里并不代表因变量，而是表示政府规模的指标，而因变量全部都是实际劳均 GDP 的增长率。首先

[①] 非劳均角度与非增长率角度的估计结果与后面的估计结果基本一致，不再一一列出。

通过 Hausman 检验比较固定效应与随机效应的估计结果，从推断的 p 值看，全部拒绝了不存在系统性差异的原假设，因此在这两种假设之间，选择固定效应的估计结果更为适合。从使用固定效应估计得到的三个结果可以看到，三种衡量政府规模的指标中只有政府消费的估计结果符合存在"Armey 曲线"的理论预期，即 a＜0，且 b＞0。而且，该结果在普通标准误、稳健型标准误，以及 Driscoll 和 Kraay 标准误（Hoechle，2007；Driscoll 和 Kraay，1998）的推断下，均可在 1% 的水平上显著（文中没有列出）。但是，在自体抽样（Bootstrap）标准误的推断下，即使考虑最为宽松的 10% 的显著性标准，该估计结果也不显著异于零。如果仅是考虑估计值，那么可计算得到的最优政府规模约为 22.93%，比基于"Barro 法则"的估计结果大出很多，当然这也并不足以排除其符合中国实际情况的可能性。从另外两个衡量指标的估计结果看，虽然统计推断的显著性水平较高，但是两个估计值均不符合存在"Armey 曲线"的理论预期，因此也无法计算出最优政府规模。

表 4-4　含二次项最优政府规模估计模型的估计结果（无控制变量）

	c	c	r	r	e	e
a	-1.6165	-1.0573	0.7975 ***	0.7737 ***	0.6897	0.7788 *
	(1.0243)	(1.3317)	(0.2286)	(0.2120)	(0.4395)	(0.4547)
b	0.7414 ***	0.4700	-0.6616 ***	-0.5916 ***	-0.2487	0.3708 **
	(0.2688)	(0.3516)	(0.0951)	(0.0970)	(0.1930)	(0.1636)
_const	1.0205 ***	1.0451 ***	1.1426 ***	1.1357 ***	1.1044 ***	1.1200 ***
	(0.0175)	(0.0221)	(0.0062)	(0.0064)	(0.0190)	(0.0136)
Type	FE	RE	FE	RE	FE	RE
R^2	0.1138		0.1528		0.1455	
Adj R^2	0.0826		0.1230		0.1154	

注：圆括号内为 Bootstrap 标准误（自体抽样），抽样 1000 次。* 代表 $p < 0.1$，** 代表 $p < 0.05$，*** 代表 $p < 0.01$。

为了对附加二次项的模型做出进一步的检验与比较，可以考虑在模型中增加一些控制变量，比如劳均全社会固定资本存量的增长率（$\dot{k}/k$）（因为均采用劳均变量，所以不再增加劳动力的控制变量）。重新估计的结果如表 4-5 所示。将其与不含控制变量的结果进行对比可以发现，待估计参数 a 与 b 不仅从定性的角度看结果是一致的，而且从定量的角度看，数值变化也不是特别大。这说明，控制变量的加入并没有显著地改变待估计参数的估计结果。在衡量政府规模的三个指标中，依然是只有从政府消费的角度看，估计结果符合存在"Armey 曲线"的理论预期，但统计推断不显著，而其他两个角度的估计结果均表明不存在"Armey 曲线"。

表4 -5　含二次项最优政府规模估计模型的估计结果（含控制变量）

	c	c	r	r	e	e
a	- 1.5679	- 1.4214	0.5047 **	0.4445 *	0.5236	0.3421
	(1.0453)	(0.9345)	(0.2562)	(0.2658)	(0.5471)	(0.3839)
b	0.7531 **	0.5949 **	- 0.5256 ***	- 0.4248 ***	- 0.3500	- 0.1763
	(0.2924)	(0.2676)	(0.0740)	(0.0753)	(0.2541)	(0.1418)
k	0.4843 ***	0.4844 ***	0.4676 ***	0.4599 ***	0.4949 ***	0.4614 ***
	(0.0780)	(0.0800)	(0.0793)	(0.0808)	(0.0848)	(0.0815)
_ const	0.4732 ***	0.4912 ***	0.6071 ***	0.6062 ***	0.5669 ***	0.5838 ***
	(0.0945)	(0.0981)	(0.0889)	(0.0912)	(0.0968)	(0.0932)
Type	FE	RE	FE	RE	FE	RE
N	736	736	736	736	736	736
R^2	0.0456		0.1383		0.0086	
Adj R^2	0.0134		0.1092		- 0.0249	

注：圆括号内为自体抽样（Bootstrap）标准误，抽样1000 次。＊代表 $p < 0.1$，＊＊代表 $p < 0.05$，＊＊＊代表 $p < 0.01$。

以上的估计结果可以说明，通过估计包含二次项的回归模型，基本否定了中国存在"Armey 曲线"的可能性，这与钟正生和饶晓辉（2006）针对时间序列的研究结果是一致的。钟正生和饶晓辉（2006）进一步通过Granger 因果检验的方法，认为这一时期中国政府规模的边际效应为负是无法确定政府最优规模的原因之一。同时指出，只有像西方国家那样，当政府规模经历过一个相对完整的发展阶段之后，或者说已经出现过最优规模以后，才可以确定最优的政府规模。其实，这可能并不是该模型得不到最优政府规模的主要原因。因为基于"Barro 法则"的估计结果，以及后面的门槛回归估计结果都可以说明中国应该已经出现过最优政府规模。而且，即使中国政府的最优规模确实还未出现，那么由假设一可知，三种不同角度的衡量指标也不应该得到具有定性差异的估计结果。因此，本书认为，无法获取"Armey 曲线"的原因更可能来自于模型设置的不合理。不难发现，引用二次项的模型设置本身就缺少合理的逻辑推导过程，只是先验地根据"Armey 曲线"的形状主观构建了一个包含二次项的回归模型，这显然有些随意。因此，通过这种方式是否能够有效地拟合"Armey 曲线"，并估计出最优政府规模还有待进一步的分析与研究。

第三节　基于"Armey 曲线"的分段估计模型

通过引入二次项的方式来拟合"Armey 曲线"，是估计这种二次曲线的方法之一。由于"倒 U 型"的二次函数既有自变量与因变量的正相关部分，也有自变量与因变量的负相关部分。因此，分别考虑这两个部分，拟合两个不同的线性回归模型，形成一个分段估计也是一种可行方案。而且，门槛回归模型（Threshold regression）为实现这种方案提供了具体的操作方法。

一、门槛回归的模型设置

门槛回归（Threshold Regression）是一种估计方法，而不是因果关系的体现。因此，对于任何一个包含有政府规模因素，甚至是只有政府规模门槛效应的回归方程都可以通过门槛回归方法，估计政府规模的门槛效应，从而判断"Armey 曲线"的存在性，并得到最优政府规模的估计值。因此，依然可以采用一般的方式推导回归模型。

Chen 和 Lee（2005）在检验台湾政府是否存在"Armey 曲线"时，利用 Ram（1986）的两部门生产函数导出了一个简单易行的估计模型。首先，假设实际产出 Y 是来自于两类部门的产出之和，一个是政府部门 G，另一个是非政府部门 C。其中，政府部门的产出取决于该部门的劳动力数量 L_G 与资本存量 K_G，所以可记为：

$$G = G(L_G, K_G) \tag{4-6}$$

而非政府部门的产出不仅取决于该部门的劳动力数量 L_C 和资本存量 K_C，还取决于政府部门所提供的公共物品数量，即政府部门的产出 G，所以可记为：

$$C = C(L_C, \ K_C, \ G) \tag{4-7}$$

那么，社会的总产出就是这两类部门产出的加总，因此有：

$$Y = C + G \tag{4-8}$$

假设所有的生产函数都是一次齐次函数，而且投入要素都是时间 t 的函数，并具有边际收益递减的特征。

劳动力与资本在两个部门之间的分配受到劳动力总量 $L = L_C + L_G$，以及资本总量 $K = K_C + K_G$ 的约束。分配的情况可用两种要素的边际收益来衡量，具体由如下公式决定：

$$\frac{G_L}{C_L} = \frac{G_K}{C_K} = 1 + \delta \tag{4-9}$$

公式（4-9）中，$G_L = \partial G / \partial L$ 为政府部门中劳动力的边际收益，$C_L = \partial C / \partial L$ 为非政府部门中劳动力的边际收益，$G_K = \partial G / \partial K$ 为政府部门中资本的边际收益，$C_K = \partial C / \partial K$ 为非政府部门中资本的边际收益。同时，假设劳动力与资本在两类部门中的分配结果，使得最终的边际收益之比相等，都等于 $1 + \delta$。δ 则反映了不同部门间边际收益率的差异。当 $\delta > 0$ 时，说明政府部门的边际收益率高于非政府部门。反之，当 $\delta < 0$ 时，说明非政府部门的边际收益率高于政府部门。

将公式（4-8）对时间 t 求导，并代入式（4-6）和式（4-7），同时利用公式（4-9）进行简单的变换，就可以得到：

$$\dot{Y} = C_L \dot{L} + C_K \dot{K} + C_G \dot{G} + \frac{\delta}{1+\delta} \dot{G} \tag{4-10}$$

将公式（4-10）两边同时除以 Y，并将非政府部门中的资本边际产出 C_K 记为 α，将非政府部门中劳动力的产出弹性 C_L（L/Y）记为 β，再将固定资本的变动 $\dot{K}$ 近似地记为投资总额 I，经过调整可得到如下公式：

$$\frac{\dot{Y}}{Y} = \alpha \frac{I}{Y} + \beta \frac{\dot{L}}{L} + \left(\frac{\delta}{1+\delta} + C_G \right) \frac{\dot{G}}{G} \frac{G}{Y} \tag{4-11}$$

公式（4-11）已经具有一般回归模型的基本特征。其中因变量是实际产出的增长率，可以用实际 GDP 的增长率来衡量。自变量有三个：一是投资率 I/Y，用固定资本形成总额占 GDP 的比重衡量[①]；二是劳动力投入的增

① 从估计结果看，固定资本投资总额与固定资本形成总额的估计结果无定性差别，因此下面只列出固定资本形成总额的估计结果。

长率$\dot{L}/L$，用全社会从业人员的增长率衡量；三是政府产出的增长率$\dot{G}/G$与政府规模G/Y的乘积，可分别从前面提到的三个角度来衡量。改写自变量前的待估计系数就可得到如下模型：

$$\left(\frac{\dot{Y}}{Y}\right)_{it} = \beta_0 + \beta_1\left(\frac{I}{Y}\right)_{it} + \beta_2\left(\frac{\dot{L}}{L}\right) + \beta_3\left(\frac{\dot{G}}{G}\frac{G}{Y}\right)_{it} + a_i + \varepsilon_{it} \qquad (4-12)$$

从形式上看，模型（4-12）与一般的面板数据回归模型没有什么差别。但是，$\beta_3 = \delta/(1+\delta) + C_G$，体现了政府部门对经济绩效的贡献程度（下文将$\beta_3$的估计结果称为政府部门对经济绩效的贡献程度）。不难发现，当政府规模较小时，政府部门各要素的边际收益大于非政府部门，这时$\delta > 0$，因此$\beta_3 > 0$。相反，当政府规模足够大时，政府部门各要素的边际收益会小于非政府部门，这时$\delta < 0$，那么β_3就有小于零的可能。因此可将模型（4-12）理解为由两区域（Two-regime）组成的TAR模型（Hansen，1996；Hansen，2000）。就本书而言，就是根据政府规模这一门槛变量将回归模型划分为两部分，如图4-2所示。如果存在"Armey曲线"，当政府规模G/Y小于某一临界值γ时，可得到一个β_3的估计系数，并预期政府部门对经济绩效的贡献程度为正，即$\beta_{3,1} > 0$，当政府规模G/Y大于该临界值γ后，可得到另一个β_3的估计系数，此时预期政府部门对经济绩效的贡献程度为负，即$\beta_{3,2} < 0$。而这一临界值γ就是最优政府规模的估计结果。由于估计与推断的方法不是本书的内容，并且相对繁琐，具体的数学证明过程可以参考Hansen（1996，2000）或者Chen和Lee（2005）。

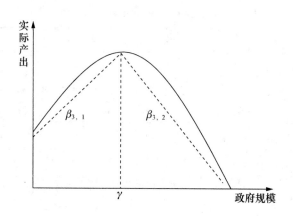

图4-2　门槛回归示意图

二、估计结果

门槛回归的过程主要包括两部分内容：一方面是确定门槛值的数量，另一方面是估计具有门槛效应的变量在各个区域内的估计系数。具体的估计过程使用连玉君编写的面板门槛回归程序（Xtthres），并在 Stata 中完成估计。有关该程序的相关信息，可以参考连玉君和程建（2006）针对资本结构与经营绩效的研究[①]。

由于是考察政府规模的门槛效应，因此该变量在样本中的分布特征有时候会影响到对估计结果的推断。为此，在进行估计之前，先考察三种政府规模衡量指标的描述性统计信息，具体如表 4 - 6 所示。从表中可以看到，样本空间内共有 736 个观测值，即 23 个地区 1979 ~ 2010 年的观测值（由于增长率的计算丢失一期的观测值）。从均值看，三种衡量指标的均值差别不大，财政支出角度的平均规模最大，财政收入角度的平均规模最小。从离散的程度来看，财政收入指标的离散程度最大，其最小值与最大值分别为 0.0278 与 0.6029，而且标准差达到了 0.0669。由于拟合"Armey 曲线"的前提是最优的政府规模已经出现，而较高的离散程度不仅可以有效地提高模型的估计效率，而且也更有可能反映出完整的"Armey 曲线"。因此，可以预期财政收入角度的检验结果更有可能得到存在"Armey 曲线"的结论。

表 4 - 6　政府规模三个衡量指标的基本统计信息

	样本数	均值	标准差	最小值	最大值
政府消费占 GDP 比重	736	0.1336	0.0550	0.0390	0.4378
财政收入占 GDP 比重	736	0.1045	0.0669	0.0278	0.6029
财政支出占 GDP 比重	736	0.1459	0.0655	0.0492	0.5505

按照门槛回归的要求，需要先确定门槛效应的个数。于是，分别对单一门槛效应，双重门槛效应和三重门槛效应进行检验（对应的原假设分别

[①] 由于 Stata 还没有提供官方的门槛回归估计命令，只能使用其他学者编写的程序。因此，十分感谢连玉君老师能够提供他编写的程序。

为不存在门槛效应，存在单一门槛效应，存在双重门槛效应）。以政府消费来衡量政府规模时的检验结果如表4-7所示，其中检验时的自抽样（Boot-strape）次数均为300次。从F统计量和对应的p值看，以政府消费衡量政府规模时，不只是存在一个门槛值，而是显著存在三个门槛值。但是，如果进一步考察95%的置信区间可以看到，双重门槛与三重门槛的估计区间几乎包含了全部的样本空间，两者的置信区间都是 [0.051，0.352]，其跨度达到了0.3以上，而政府消费全部样本的最小值与最大值分别为0.0390和0.4378，跨度只有不到0.4，可见置信区间几乎包含了全部的样本空间。与此相反的是，单一门槛的置信区间为 [0.105，0.111]，跨度只有0.006，这就与双重门槛和三重门槛的置信区间形成了鲜明对比。更清晰直观的结果还可以从相应的似然比函数图中得到，如图4-3所示。

表4-7　政府消费指标下门槛数量检验结果

	门槛估计值	95%的置信区间	F	p
单一门槛	0.107	[0.105，0.111]	13.136	0.007
双重门槛	0.174	[0.051，0.352]	6.125	0.030
三重门槛	0.103	[0.051，0.352]	4.831	0.023

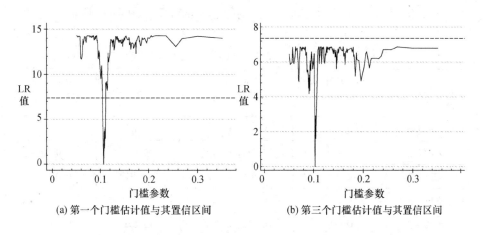

(a) 第一个门槛估计值与其置信区间　　(b) 第三个门槛估计值与其置信区间

图4-3　以政府消费占GDP比重衡量政府规模的门槛估计值与其置信区间

门槛估计值是指似然比检验统计量LR为零时的取值，从图4-3（a）与

表 4 - 7 都可以看到单一门槛的估计值为 0.107，从图 4 - 3（b）与表 4 - 7 也都可以看到第三个门槛的估计值为 0.103。因此，从门槛效应的估计值来看，第三个门槛估计值与第一个没有显著差异。但是，两者的置信区间却存在显著差异。所谓 95% 的置信区间，是指所有在 LR 等于 7.35 这一临界值（5% 的显著性水平）以下的区间。从图 4 - 3（a）可以看到，单一门槛的置信区间很小，说明门槛估计值准确；而第三个门槛的置信区间则包含了几乎全部的样本空间，这说明了第三个门槛估计值不太合理。即使 F 检验可以在 5% 的水平上显著，这样的门槛值也是不合理、不可取的。第二个门槛估计值也具有同样的情况（没有绘制相应的似然比函数图）。根据以上信息，基本上可以认为从政府消费的角度来衡量政府规模时，模型（4 - 12）存在一个门槛值，约为 0.107。

采用同样的方式，检验从财政收入或支出角度衡量政府规模时的门槛数量，结果如表 4 - 8 所示。从财政收入角度衡量政府规模时，F 统计量的检验结果说明显著存在三个门槛。但从 95% 的置信区间看，只有单一门槛的置信区间较小，另外两种情况的置信区间都是 [0.038, 0.372]，几乎包含了全部的样本空间，其中单一门槛与第二个门槛的似然比函数图如图 4 - 4 所示。从财政支出角度衡量政府规模时，F 统计量的检验结果说明显著存在两个门槛，这两个门槛估计值的置信区间分别为 [0.068, 0.093] 和 [0.088, 0.114]，都相对合理，它们的似然比函数图如图 4 - 5 所示。

表 4 - 8　政府财政收入或支出指标下门槛数量的检验结果

	门槛估计值	95% 的置信区间	F	p
财政收入				
单一门槛	0.114	[0.080, 0.177]	12.122	0.030
双重门槛	0.148	[0.038, 0.372]	10.673	0.000
三重门槛	0.045	[0.038, 0.372]	5.794	0.017
财政支出				
单一门槛	0.069	[0.068, 0.093]	19.691	0.000
双重门槛	0.092	[0.088, 0.114]	13.921	0.027
三重门槛	0.113	[0.057, 0.349]	6.409	0.323

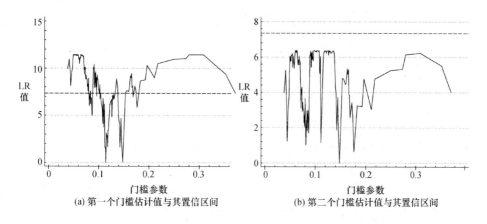

图 4 - 4　以政府财政收入占 GDP 比重衡量政府规模的门槛估计值与其置信区间

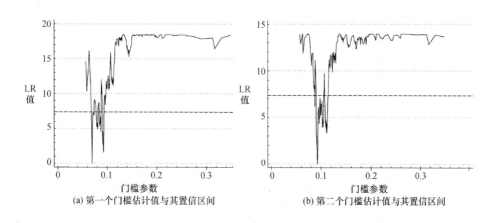

图 4 - 5　以政府财政支出占 GDP 比重衡量政府规模的门槛估计值与其置信区间

　　从前面的检验结果看，政府规模不仅显著存在门槛效应，而且从政府财政支出的角度看，还可能存在两个门槛值。但是门槛效应的存在并不代表"Armey 曲线"的存在，还需要进一步检验系数的估计值是否符合理论的预期，具体的估计结果如表 4 - 9 所示。

　　表 4 - 9 中，第一列是以政府消费衡量政府规模的估计结果，$C_{\leqslant 0.107}$ 为政府规模小于等于 0.107 时，模型（4 - 12）中 β_3 的估计结果，$C_{>0.107}$ 为政府规模大于 0.107 时，β_3 的估计结果。第二列是以政府财政收入衡量政府规模的估计结果，$R_{\leqslant 0.114}$ 为政府规模小于等于 0.114 时，β_3 的估计结果，

$R_{>0.114}$为政府规模大于0.114时，β_3的估计结果。第三列是以政府财政支出衡量政府规模的估计结果，$E_{\leqslant 0.069}$为政府规模小于等于0.069时，β_3的估计结果，$E_{between}$为政府规模介于0.069与0.092之间时，β_3的估计结果，$E_{>0.092}$为政府规模大于0.092时，β_3的估计结果。

表4-9　最优政府规模的门槛回归估计结果

	GDP	GDP	GDP
I/Y	0.1258 ***	0.1004 ***	0.1312 ***
	(0.0123)	(0.0131)	(0.0134)
$\dot{L}/L$	0.0195	0.0493	0.0467
	(0.0460)	(0.0464)	(0.0455)
$C_{\leqslant 0.107}$	0.1993 ***		
	(0.0567)		
$C_{>0.107}$	0.0617 **		
	(0.0291)		
$R_{\leqslant 0.114}$		0.0974 *	
		(0.0511)	
$R_{>0.114}$		-0.0306	
		(0.0273)	
$E_{\leqslant 0.069}$			0.6254 ***
			(0.1227)
$E_{between}$			0.1973 ***
			(0.0649)
$E_{>0.092}$			0.0019
			(0.0294)
_const	1.0299 ***	1.0178 ***	1.0089 ***
	(0.0481)	(0.0481)	(0.0477)
N	241495	522214	32102602
R^2	0.1438	0.1464	0.1674

注：圆括号内为标准误。*代表 p<0.1，**代表 p<0.05，***代表 p<0.01。

从估计结果看，不论是用政府消费衡量政府规模，还是用财政收入或支出衡量政府规模，都没有得到完全符合理论预期的结论。但这些结果也表现出了存在"Armey 曲线"的部分特征。就政府消费的角度而言，当政府规模小于门槛值 10.7% 时，政府部门对经济绩效贡献程度的估计值为0.1993，而当政府规模大于门槛值 10.7% 时，贡献程度的估计值虽然没有小于零，但已经明显变小为 0.0617，不足前面的 1/3，而且显著性水平也有所降低。这说明随着政府规模的不断提高，其对产出的贡献程度也在不断降低。虽然这一结果没有表现出"Armey 曲线"所描绘的负影响，但按照这一趋势发展下去，可以预期负面影响的形成。同样，从财政收入与支出的角度也可以得到类似的结果。从财政收入的角度看，当财政收入占 GDP 的比重小于门槛值 11.4% 时，政府部门对经济绩效的贡献程度为 0.0974，虽然数值不大，但也能在 10% 的水平上显著。当财政收入占 GDP 的比重大于门槛值 11.4% 以后，虽然从统计推断的角度看，这一估计结果并不显著，但估计值已经为负，说明政府部门开始对经济绩效形成负面影响。从财政支出的角度看，门槛值存在两个。当政府规模小于第一个门槛值 6.9% 时，其对经济绩效的贡献程度最高，达到 0.6254，且在 1% 的水平上显著。当政府规模高于第一个门槛值，但小于第二个门槛值 9.2% 时，其贡献程度降低到 0.1973。当政府规模再次提高到第二个门槛值以上后，其对经济绩效就不再具有显著的积极作用。

从以上三组估计结果看，虽然只有财政收入角度的估计结果与存在"Armey 曲线"的理论预期较为一致，得到了一正一负的估计系数，但是其他两个角度的估计结果也都显著存在门槛效应，并表现出政府支出的边际收益递减的特征。因此，可以认为中国地方政府已经基本表现出了"Armey 曲线"的特征，只是还没有完整地显现出负影响的那一部分。从最优政府规模（门槛值）的估计结果看，三个指标下的最优规模估计值分别为10.7%、11.4% 和 9.2%[1]。这一结果与基于"Barro 法则"的估计结果也非常接近。由此可知，在其他条件不变的情况下（具有较高的隐性规模与行政成本），仅从显性规模的角度考察，中国地方政府的最优规模大约在 10%多一点，这显著低于发达国家的平均水平。当然，如果能够降低隐性规模

---

[1] 本书还使用南开大学王群勇编写的门槛回归命令 xtptm 进行了估计，其结果与表 4 - 9 基本一致，门槛值的估计结果，以及各区域的估计系数都不存在定性的差异。在此也感谢王群勇老师共享他的程序。

（比如减少政府对国企和银行的影响），或者降低行政成本，那么最优政府规模的估计值就有可能上升，并逐渐接近于发达国家的平均水平，这样也可令当前的显性政府规模逐渐接近于最优水平。同时，直接调整显性规模也是优化政府规模的一个路径选择。

第五章 中国地方政府层级结构优化："省直管县"体制的检验

行政层级结构是影响经济绩效的重要因素，其优化是政府结构优化的重要内容。随着"市管县"体制弊端的不断凸显，"省直管县"体制是否能够有效解决现存问题逐渐成为学界研究与社会关注的焦点。目前，全国大部分省份都相继开展了"省直管县"体制的试点工作，那么，这些试点工作的效果如何，是否可以有效解决"市管县"体制下的各种问题，并促进经济绩效呢？为此，有必要对"省直管县"体制的实际效果进行一次客观的检验与评价。

第一节 "省直管县"的历史与发展现状

地方政府在促进经济增长中发挥的作用不容忽视，特别是其层级设置对经济绩效同样产生显著的影响。新中国成立之初，我国实行的是"中央—大区—省（地区）—县"的管理体制，之后经过几次调整，也都基本上保持着"省管县"、"地市并存"的局面。改革开放以后，城市经济和规模得以快速发展，从而导致了城乡差距以及地区差距的不断加大。行政管理体制的市县分治使得城市在一定程度上脱离了周围的农村而独立发展。在此背景之下，中共中央于 1982 年决定在经济比较发达的地区试行"市领导县"的体制，以经济比较发达的城市为中心，带动周围农村的发展。1998年底，全国共有 219 个市领导 1228 个县。2003 年底，全国除港、澳、台和4 个直辖市以外的大部分地区，都普遍实行了"中央—省—市—县—乡镇"这样的 5 级行政管理体制。虽然，这种被寄予厚望的"市管县"体制在实施之初对加强城乡关系与合作，促进城乡的共同发展确实起到了一定的积极作用。但是，这种行政管理体制远没有实现当初设计时的意愿。与此相反，随着"市管县"体制的不断深化，许多消极因素和负面影响逐渐显现出来。社会舆论将"市管县"的各种弊端概括为三大"漏斗效应"，即财政漏斗、权力漏斗与效率漏斗。庞明礼（2007）将"市管县"体制存在的问题总结为三个悖论：城乡悖论、财政悖论和效率悖论。这三个悖论揭示了"市管县"体制不仅没能缩小城乡差距，反而进一步拉大了城乡差距；不仅没能缓解县级财政的困难，反而导致县级财政愈加困难；不仅没能提高各级政府的行政效率，反而令行政效率进一步下降。张占斌（2009）也指出，"市管县"体制产生了严重的"挤出效应"，从而导致城乡差距越来越大。

为了消除"市管县"体制的种种弊端，2002 年国务院批转了财政部《关于完善省以下财政管理体制有关问题意见的通知》。从 2003 年开始，全国许多省份开始根据本省的具体情况实行财政体制上的"省直管县"试点，一些省份还同时将一部分经济管理权与社会管理权下放到县。2004 年 4 月湖北省委、省政府决定在全省实行省管县（市）的财政管理体制。2007 年5 月安徽省政府宣布在无为县等 12 个县实行扩大经济社会管理权限试点。到 2009 年 6 月，已有 24 个省份对 818 个县陆续进行了财政体制"省直管县"的改革试点。2009 年 7 月财政部发布了《关于推进省直接管理县财政改革的意见》，要求到 2012 年底前，力争全国除民族自治地区外，全面推进"省直管县"的财政体制改革。

"省直管县"体制包含两层含义：一是财政意义上的，在财政预算编制上，由省直接对县编制预算，在收入划分上，省对县直接划分；二是政府管理体制上的，市县平级，不仅是财政体制，在人事权、审批权等经济社会各方面的管理权上，都由省直接跟县打交道，也将其称为"扩权强县"。因此，本书认为不论是财政体制上的"省直管县"，还是政府管理体制上的"扩权强县"均属于"省直管县"体制的范畴。那么，"省直管县"体制的改革是否可以避免"市管县"的各种弊端，并有效促进县级经济增长，从而进一步推进我国的经济发展呢？针对这一问题，已有许多学者从理论层面做出了分析。一些学者提出了"省直管县"改革的优势所在。例如，有助于缓解县乡财政困难（庞明礼、李永久和陈翻，2009），可以减少政府管理层级，促进政府行政效率，提高政府层级之间的信息传递质量，激励县级发展经济，规范省、市、县（市）之间的财政分配关系等（薄贵利，

2006；傅光明，2006；庞明礼，2007）。同时，也有一些学者提出了一些相反的观点，指出了其中可能存在的诸多问题。例如，省级管辖幅度过宽，地级市存在利益流出与人员精简的压力，区域性公共物品供给不足（傅光明，2006；庞明礼，2007），短期内无法实现降低行政成本的目的（汤伶俐，2009），权力下放是否会引发腐败问题（杨茂林，2010）等。

为了进一步确定"省直管县"体制对于经济绩效的影响到底是利大于弊还是弊大于利，需要对该体制产生的效应进行实证检验。才国伟和黄亮雄（2010）利用中国 500 个县（市）2000～2007 年的数据，运用虚拟变量回归的方法检验了"省直管县"与"扩权强县"政策对县级经济绩效的影响。结果显示，财政上的"省直管县"体制对财政支出的促进作用要强于"扩权强县"，而"扩权强县"对于经济增长的作用要强于财政上的"省直管县"，同时使用两个体制对于财政支出和经济增长的促进作用会更大。才国伟和黄亮雄（2010）的检验结果只是说明了两种政策实施前后县级经济绩效的差异，但这种差异既可能来自政策本身，也可能来自其他不可测量的政策或制度因素，他们并没有真正地将该体制的净效应从众多的因素之中分离出来。要想真正地分离出该体制的净经济效应，双差分模型是可供选择的方法之一。但是，利用双差分模型检验"省直管县"体制的研究并不多见。袁渊和左翔（2011）的研究算是其中之一。他们以浙江省和福建省的数据为样本，从微观角度检验了"扩权强县"对经济增长的作用。结果认为"扩权强县"不但促进了县域经济的增长，而且对市场化改革具有促进作用。但是，他们的研究主要关注微观的企业产出，而不是宏观的经济绩效，同时在双差分模型的使用上也有所不同。通常，政策实施前后是按时间进行划分的，袁渊和左翔（2011）则按地理位置进行划分，将是否为福建省作为原双差分模型中的时间差分项。简单来说，就是将福建省看作政策实施前的浙江省，或者说将浙江省看作政策实施后的福建省。这一做法就暗含了这样一个假设，即福建省具有与浙江省完全相同或者几乎完全相同的人口、地理、历史、经济水平、制度、文化习俗等背景因素。只有当该假设成立时，才可能通过差分的方法有效地消除一些不可观测或难以测量的因素，从而得到该体制影响的净效应。否则，不仅可能得不到净效应，反而还可能带来无法预料的偏误。由于浙江省与福建省在这些方面只是比较接近，但不可能完全相同，因此，这一假设有些过于严格。

综上可知，虽然针对"省直管县"体制经济绩效效应的理论分析较多，但实证检验的研究却相对较少，而且，现有的实证检验要么是没有分离出政策影响的净效应，要么是净效应的分离可能不够有效。因此，本书接下来尝试使用包含控制变量的双差分模型，分离"省直管县"体制的净效应。

第二节　模型设置

选择双差分模型作为分析工具，其原因在于"省直管县"体制的改革对经济绩效的影响属于一次自然实验（Natural Experiment），或者称其为准实验（Quasi Experiment）。与理想化的完全随机实验不同，这种实验存在着许多内部有效性与外部有效性的威胁，比如随机化失败、未真正处理、样本个体损失、实验效应、系统性变化、样本不具有代表性、一般均衡效应和资格效应等。其中，随机化失败与系统性变化是影响实验结果的主要因素。

所谓随机化失败是指，实验设计要求实验样本的选择必须是完全随机的，只有这样才能够保证实验的结果完全取决于实验的实施，而不是取决于非随机样本的某一特征。因此，当实验样本的选择依赖于某一特征时，就无法有效地区别实验的结果是来自实验的实施，还是样本的特征，或者说是无法有效地分离出来自实验实施的那一部分。例如，检验某种新化肥是否有助于增产时，如果实验田的选择没有做到完全随机，而是选择了那些光照条件较好的实验田，那么即使实验结果是增产的，也无法有效地判断增产的原因是来自新的化肥，还是来自更好的光照条件，或者说是无法有效地分离出新化肥的那部分作用。实验样本随机化的要求看似简单，但是在实验过程中有时却很难做到，这一点在准实验中更是如此。

所谓系统性变化是指，实验在进行的过程中，由于不可能对实验的环境进行完全的控制，实验环境随着时间的推移发生了改变。这种变化同样很有可能影响实验的结果，而这种变化通常又是难以察觉的，或者即使能够察觉，也是难以控制和测量的。因此，当存在系统性变化时，就很难判断实验的结果究竟是来自实验的实施，还是来自一些不可测量的环境因素，或者说是无法分离出实验影响的那一部分。仍以检验某种新化肥是否有助于增产为例，即使实验样本的选择是完全随机的，但在使用新化肥以后，又自然而然地采用了新的耕种技术（在自然实验中这类变化通常很容易被忽略），那么也很难区分增产的结果是来自新的化肥，还是来自这种新的耕种技术。

　　由于社会政策的自然实验时间通常较长，因此系统性变化的出现在所难免。在这种情况下，如果单纯比较样本在"省直管县"体制实施前后的经济差异，将无法得该体制对经济绩效的真实影响。这是因为系统性变化的存在，导致该体制执行前后的经济差异既可能来自该体制本身的影响，也可能来自某些与时间相关且不可测量的系统性变化的影响，还可能是两种或多种因素的共同作用。如图 5 - 1 所示，仅从实验样本的角度看，如果"省直管县"体制实施前后的经济绩效从 A 点提高到了 B 点，那么提高的幅度为 A′B。但是，这一高水平的变动，有一部分可能来自于系统环境的整体性变化。例如，如果拿有一些没有实施"省直管县"体制的样本进行对比，假设它们在相同的时间后，经济绩效同样得到了一定程度的提高，比如从 C 点变动到了 D 点，那么，真正由"省直管县"体制推动的经济绩效实际上只有 BD′ = A′B – A′D′。同样，如果仅考虑具有"省直管县"体制特征的样本与不具有该体制特征样本之间的差异，将无法剔除样本之间原本就具有的经济差异。由此可见，为了得到某项政策所产生的净效应，就需要进行两次差分。对于这些问题的解决，双差分模型（Difference in Differences）提供了简单且有效的分析方法（Meyer，1995），通过该模型可以有效地消除系统性变化对实验结果产生的潜在影响。

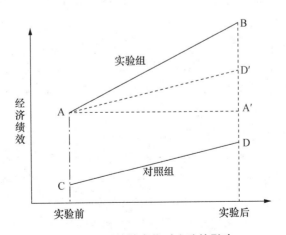

图 5 - 1　系统性变化对实验的影响

根据双差分的方法，首先需要按照是否实施该体制与体制实施前后这两个维度将所有的样本分成四组。其中，按是否实施该体制的维度可将样本分为实施该体制的"实验组"与未实施的"对照组"。再加上体制实施前后的维度，就可将样本分为实施前的"实验组"和"对照组"，以及实施后的"实验组"和"对照组"。如果用 y_i 表示经济绩效，用 $\mathbf{X}_i$ 表示各种控制变量的向量，用虚拟变量 du_i 表示样本是否实施该体制（$du_i = 0$ 表示对照组，$du_i = 1$ 表示实验组），用虚拟变量 dt_i 表示该体制实施的前后（$dt_i = 0$ 表示体制实施前，$dt_i = 1$ 表示体制实施后）。那么，可以构建双差分模型如下：

$$y_i = \beta_0 + \beta_1 du_i + \beta_2 dt_i + \beta_3 du_i \times dt_i + \boldsymbol{\beta}\mathbf{X}_i + \varepsilon_i$$

在如上设置的双差分回归模型中，虚拟变量的交乘项 $du_i \times dt_i$，它的估计系数 β_3 是最被关注的估计结果，它反映的是在控制了其他影响因素 $\mathbf{X}_i$ 后，"省直管县"体制对经济绩效的净影响。其具体原因如下：

首先，在对照组中（$du_i = 0$），"省直管县"体制在实施前后的经济绩效可以分别记为：

$$\begin{cases} y_{i,1} = \beta_0 + \boldsymbol{\beta}\mathbf{X}_i + \varepsilon_i, & dt_i = 0 \\ y_{i,2} = \beta_0 + \beta_2 + \boldsymbol{\beta}\mathbf{X}_i + \varepsilon_i, & dt_i = 1 \end{cases}$$

可以看到，在对照组中，该体制实施前后的经济绩效差异为 $y_{i,1} - y_{i,2} = \beta_2$，可将这部分差分结果记为 D_1。

其次，在实验组中（$du_i = 1$），"省直管县"体制实施前后的经济绩效可分别记为：

$$\begin{cases} y_{i,1} = \beta_0 + \beta_1 + \boldsymbol{\beta}\mathbf{X}_i + \varepsilon_i, & dt_i = 0 \\ y_{i,2} = \beta_0 + \beta_1 + \beta_2 + \beta_3 + \boldsymbol{\beta}\mathbf{X}_i + \varepsilon_i, & dt_i = 1 \end{cases}$$

可以看到，在实验组中，"省直管县"体制实施前后的经济绩效差异为 $y_{i,1} - y_{i,2} = \beta_2 + \beta_3$，可将这部分差分结果记为 D_2。

最后，将对照组的差分结果 D_1 与实验组的差分结果 D_2 再做一次差分就可以得到政策实施后的实验组与对照组之间的经济绩效差异，即 $D = D_2 - D_1 = \beta_3$。这一结果就是"省直管县"体制对经济绩效的净影响。可以看到，双差分模型通过引入背景因素相同（或相似）的对照组，可以有效地控制一些随时间改变但又难以控制和观测的系统性因素。这样就可以得到"省直管县"体制的净效应。根据一些理论的预期以及现有的一些实证检验结果可以预期，"省直管县"体制应当对经济绩效具有显著积极影响。因此，可预期 β_3 的估计结果应该显著为正。

对于随机化失败的威胁，双差分方法本身并不能很好地解决。为了应对这一问题，使双差分模型的估计结果更为有效，就需要在双差分模型中引入必要的控制变量。这些控制变量体现了非随机样本的某些特征，而这些特征会对经济绩效产生特殊的影响。如果不控制这些因素，那么由这些因素产生的影响就有可能包含在 β_3 之中，经济绩效的最终变动就可能有一部分来自样本个体特征的影响，而不是完全来自于该体制的实际影响，从而导致 β_3 的估计结果不是该体制的净效应。因此，在回归模型中加入重要的控制变量，就可以有效地控制这些非随机因素（从回归假设的角度看，就是保障干扰项的条件均值为 0），从而解决随机化失败的威胁，有效地将这些非随机因素的影响分离出来，最终得到净效应的无偏估计结果。

对于控制变量的选择，可以从一个一般化的 C–D 生产函数考虑。假设生产函数的形式为：$Y_t = A_0 e^{\gamma t} K_t^\alpha L_t^\beta$。将该生产函数两边同时取自然对数就可以得到对应的线性模型：

$$\ln Y_t = \gamma t + \ln A_0 + \alpha \ln K_t + \beta \ln L_t$$

为了消除序列相关的影响，将该线性方程进行一阶差分处理，其中时间趋势项 t 的差分正好等于 1，那么就可得到如下回归方程（用 D. 表示差分运算符）：

$$D. \ln Y_t = \gamma + \alpha D. \ln K_t + \beta D. \ln L_t$$

短期下自然对数的差分近似等于该变量的增长率，因此，可以分别用对应变量的增长率代替上式中自然对数的差分项。同时，可将常数项 γ 记为 β_0。再将该回归方程中的自变量与因变量分别作为双差分模型中的控制变量与因变量。那么，就可以得到待估计的含有控制变量的双差分回归模型，具体形式如下：

$$\left(\frac{\dot{Y}}{Y}\right)_i = \beta_0 + \beta_1 du_i + \beta_2 dt_i + \beta_3 du_i \times dt_i + \beta_4 \left(\frac{\dot{K}}{K}\right)_i + \beta_5 \left(\frac{\dot{L}}{L}\right)_i + \varepsilon_i$$

其中，下标 i 表示不同的个体，因变量 $\frac{\dot{Y}}{Y}$ 是实际产出的增长率，可用实际地区生产总值的增长率衡量，控制变量 $\frac{\dot{K}}{K}$ 是资本投入要素的增长率，可用地区固定资本存量的增长率衡量，控制变量 $\dfrac{\dot{L}}{L}$ 是劳动力投入要素的增长率，可用地区年末总人口的增长率衡量。

在回归方程中只包含了表示不同个体的下标 i，并不包含时间下标 t。这是因为双差分模型本质就是一个截面数据结构的最小二乘（OLS）回归分析，并不是一个时间序列分析，也不是面板数据。虽然待分析的样本中包含体制实施前后的两期时间，但该时间因素与时间序列中的时间特征并不相同。这一时间特征反映的是样本自身的某一属性，而且该属性也已经由虚拟变量 dt_i 来体现。因此，回归方程完全是一个基于截面数据的回归分析，不需要包含下标 t。

第三节　数据选择

双差分模型中的数据选择需要确定三个要素：一是实验组的选择；二是对照组的选择；三是实验时间的选择。接下来先对这三个选择进行说明。

一、实验组与对照组的选择

双差分模型中实验组与对照组并不能随意的选择。要想使双差分模型能更为有效地排除不可观测的系统性因素，反映该体制影响的净效应，在选择对照组与实验组时需要尽量保证对照组与实验组具有更为接近的制度环境或政策背景。只有这样，才能在差分时将这些不可观测的系统性因素差分掉。

就实验组的选择来看，到 2008 年前后，全国实行财政"省直管县"体制的省份已经包括河北、山西、海南、辽宁、吉林、黑龙江、江苏、浙江、安徽、福建、江西、山东、河南等 18 个省份，如果再加上北京、上海、天津、重庆四个直辖市，那么共有 22 个地区实行了财政上的"省直管县"，从规模上看已经超过了 2/3。然而，许多地区从形式上看，虽然都具有了"省直管县"体制的部分特征，但是，不同地区"省直管县"的程度具有明显差别。有的是比较彻底的"省直管县"，有的则是名义上的"省直管县"，其实质只是戴了这个帽子。例如,某些地区虽然在转移支付的测算方面直接到县,但是体制与资金调度均没有直接到县,还需经过市一级来中转。在众多地区之中,浙江省的"省直管县"体制是做得最为彻底的一个,真正包含了"省直管县"体制的两层含义。浙江省的"省直管县"体制不仅是财政上的,而且从行政管理体制到其他各个部门的管理都是由省来直管。事实上,早在1992年,浙江省就对13个经济发展较快的县市进行扩权,扩大基本建设、技术改造以及外商投资项目的审批权。1997年,又在萧山、余杭试行部分地级市的经济管理权限。2002年浙江省将313项本属于地级市经济管理的权限赋予包括绍兴、温岭、慈溪、诸暨、余姚、乐清、瑞安、上虞、义乌、海宁、桐乡、富阳、东阳、平湖、玉环、临安、嘉善在内的17个县(市)①。2003年以后,浙江省的"省直管县"改革进入了比较成熟的阶段。除浙江省以外,安徽省的改革也比较彻底。2007年5月安徽开始在无为等12个县进行"省直管县"试点,在财政体制、转移支付、财政结算、收入报解、资金调度、债务管理等各个方面,全面实行省对县的直接管理。但是安徽省的改革时间较晚,而且试点县仅有12个。这些原因使可获得的数据样本相对有限,不利于实证分析。相比之下,在实验组的选择上,选择浙江省作为实验样本更为合适。一方面是因为浙江省的"省直管县"体制更为彻底,另一方面是因为浙江省可获得的实验样本与数据都相对充足。

浙江省属于东部沿海地区,因此对照组也应从具有相似制度环境或政策背景的东部沿海地区进行选择。虽然2008年前后东部沿海各省都已陆续开始"省直管县"体制的改革试点工作,但是,许多地区的改革并不完善,有些地区甚至只是戴了个"省直管县"体制的帽子,并未真正做到省对县的直接管理。在东部沿海各省中,以福建省的政策背景、土地面积、文化传统等系统性背景因素与浙江省最为相似。而且,福建省的"省直管县"体制的改革也相对缓慢,其2004年前后才开始探索"省直管县"的财政体制,2009年底才对前几年的改革成果进行总结,并对以后改革的进一步深化提出了意见。因此,选择福建省作为浙江省的对照组。

---

① 中共浙江省委办公厅、浙江省人民政府办公厅:《关于扩大部分县(市)经济管理权限的通知》(浙委办[2002]40号文),2002年8月17日。

二、数据来源

浙江省与福建省的数据主要来自于两省历年的统计年鉴。首先，年末总人口的增长率利用各县的年末总人口进行核算。其次，浙江省的统计年鉴中没有统计县级生产总值的指数，无法直接得到地区生产总值的增长率。因此，假设各县的 GDP 平减指数相同且都近似等于浙江省当年的 GDP 平减指数，那么浙江省各县的地区生产总值增长率可通过名义生产总值与该省的 GDP 平减指数进行核算。就福建省而言，虽然统计年鉴中包含了各县的地区生产总值指数，但是通过该数据核算出的实际生产总值与实际情况存在着明显出入，同时为了数据核算方法的一致性，因此，福建省各县的地区生产总值增长率也使用各县的名义生产总值与该省的 GDP 平减指数进行核算。最后，固定资本存量的增长率需要先利用实际固定资本投资或实际固定资本形成总额估算实际固定资本存量，然后再计算增长率。

核算的方法同样使用永续盘存法。具体如公式（4-4）所示。其中，流量数据使用全社会固定资本投资①。折旧率 δ 选择通常使用的 10%，这一假设不会对结果产生显著影响，许多研究也都采用类似的假设（张军、吴桂英和张吉鹏，2004）。基年数据的估计通常假设实际固定资本存量的平均增长率等于固定资本投资的平均增长率（Coe 和 Helpman，1995；Goto 和 Suzuki，1989）。在计算平均增长率时，根据 Hall 和 Jones（1999）在估计各国 1960 年的资本存量时的方法，使用几何平均数的方法计算平均增长率，具体核算过程与前面介绍的一样，可参见第四章第一节中数据说明部分的内容。

三、政策实施时间的选择

双差分模型的估计还需要确定该体制实施的时间点。本书使用的是年度数据，因此，需要确定"省直管县"体制是在哪一年开始实施并在哪一年基本完成的。"省直管县"体制并不是简单的单一政策，而是包含了许多

---

① 核算存量数据的流量数据使用固定资本形成总额更为合适。但是，由于没有该指标的县级数据，因此使用全社会固定资本投资代替。

政策的一揽子改革方针。因此，这一看似简单的问题其实并不容易，通常情况下"省直管县"体制的一揽子改革方针不可能在一年内全部实施并实施完成。以浙江省为例，浙江省从 1992 年前后就开始尝试"省直管县"体制，经过近十年的尝试与改革，直到 2003 年才算是进入了比较成熟的阶段。那么，就浙江省整体而言，1992～2003 年都可看作是"省直管县"体制的实施过程，既不能完全说是政策实施前，亦不能完全说是政策实施后。针对这一问题，考虑到浙江省在 2002 年 8 月 17 日将 313 项本属于地级市的经济管理权限赋予了 17 个县（市）的重要改革措施，以及数据方面的可获得性，将 2003 年定为政策实施年比较合适。在这种设定下，2003 年及以前为政策未实施阶段，2004 年及以后为政策实施阶段。

第四节　实证检验

为了能够体现包含控制变量的双差分模型在估计政策净效果方面的优势，本书将其与一般的描述性检验结果进行一个对比。

一、描述性分析

除了双差分模型，检验某项改革对经济绩效影响的方法还有很多，其中最简单直观的方法就是考察该体制改革前后 GDP 指数的变化趋势。由于一省的经济绩效取决于省内各个县市的经济绩效，如果"省直管县"体制能够有效地提高县级行政区划的经济绩效，那么也应该可以提高该省总体的经济绩效。因此，省级行政区划的 GDP 增长指数在改革前后的变化应该能够有效显示这项改革对县级经济的影响。然而，这种方法可能存在许多问题，不仅可能得不到这一体制的净效应，甚至还有可能形成错误的定性判断。其原因至少来自两个方面：一方面，GDP 指数的变化可能源于该项改革，但也可能源于其他方面，即不能有效地控制该体制以外的其他因素；另一方面，从全省经济绩效的角度来考察该体制，有可能削减其对实施个体（县）的影响效应。例如，从浙江省与福建省 1998～2008 年的 GDP 指数就很难看到"省直管县"体制对经济绩效具有积极影响。甚至可以认为其存在负面影响。

从图 5-2 可以看到，2000~2005 年，虽然浙江省的 GDP 指数始终高于福建省，但两者基本呈现出同方向变动的特征，而且变动幅度也基本相当。如果以 2003 年作为浙江省"省直管县"体制的实施完成年，那么与福建省对比来看，就很难发现浙江省的 GDP 指数在 2003 年以后出现加速增长的现象。相反，在 2003 年以前，浙江省的 GDP 增长速度看似略高于福建省，而 2004 年与 2005 年浙江省的 GDP 指数却出现了增速放缓的现象。这有悖于理论预期。当然，这一结果也可能是对"省直管县"体制作用的真实反映。对此，可以进一步地考察县级经济绩效的具体情况。

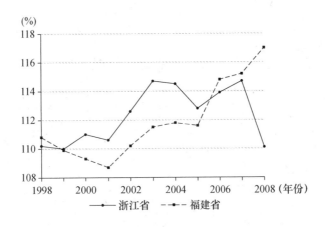

图 5-2　1998~2008 年浙江省与福建省 GDP 指数

由于考察全省整体的 GDP 指数变动可能并不准确，因此，需要考察县级的 GDP 指数，这样可以更为直接地反映"省直管县"体制对县级经济绩效的影响。具体而言，可以通过比较县级 GDP 指数的核密度图进行分析。以浙江、福建两省 2003 年与 2004 年的对比为例，将其县级 GDP 指数的核密度图绘制如图 5-3 所示。

从图 5-3 中可以看到，2003 年浙江省各县的 GDP 指数主要集中在110% 左右，即各县 GDP 的增长率集中于 10% 左右。2004 年，许多县的 GDP 指数均有所放大，主要集中在 115% 左右，即各县 GDP 的增长率集中于 15% 左右。引起 GDP 增长加速的原因，很可能来自于"省直管县"体制的实施，这符合前面的理论预期。但是，从福建省各县的数据来看，2004

年各县的 GDP 指数主要集中在 113% 左右，即各县 GDP 的增长率集中于 13%，同样高于 2003 年时 110% 的水平。虽然各县的核密度图显著地反映出"省直管县"体制对于经济绩效的积极作用，符合理论的预期，但是仅从该图中无法准确获得"省直管县"体制的净效应。要想估计"省直管县"体制对于经济绩效的净影响，就需要进一步分析浙江省与福建省之间的差异。简单且有效的方法之一就是前面反复提到的包含控制变量的双差分模型。

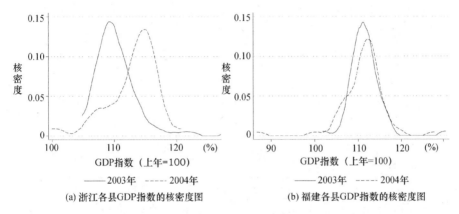

图 5-3　浙江、福建两省 2003 年与 2004 年各县 GDP 指数的核密度图

二、双差分模型估计结果

考虑到制度变迁对经济的影响作用通常不会在一年之内全部释放，一般可能维持 3~5 年的时间。因此，为了捕捉这种持续性的影响，可以分别估计五个不同时间长度下的模型。然而，双差分模型在政策实施前后通常只有一期的观测值，即政策执行前和政策执行后，因此考虑不同的影响时长就需要对变量做相应的处理，其方法有很多。多数研究是将政策执行前的各年数据看作是未实施政策样本的扩充，将政策执行后的各年数据看作是已实施政策样本的扩充（袁渊和左翔，2011）。这种方法虽然扩大了样本空间，但也将同一个个体多次放在政策实施之前与政策实施之后。为了避免同一个个体的多次使用，本书使用算术平均值的方法进行处理①。具体而

---

① 为了与其他文献所用的方法做一个对比，本书也从样本扩充的角度，使用混合最小二乘的方法进行了估计，其结果与使用算术平均值的结果基本一致。

言：对于五年时长的模型，取 2003 年及之前五年的数据（到 1999 年）的算术平均值，作为该体制实施前的样本，取 2004 年及之后五年的数据（到 2008 年）的算术平均值，作为该体制实施后的样本。同理，对于四年的模型，取 2003 年及之前四年的数据（到 2000 年）的算术平均值作为该体制实施前的样本，取 2004 年及之后四年的数据（到 2007 年）的算术平均值，作为该体制实施后的样本。依此类推，直到一年的模型时，直接取 2003 年的数据作为实施前的样本，直接取 2004 年的数据作为实施后的样本。

对上述五种时间长度下的模型分别进行估计，具体结果如表 5-1 所示。一年到五年的估计结果分别对应于表中的第一列到第五列。模型共包含 228 个样本。其中实验组样本 56 个，对照组样本 58 个，包含浙江省与福建省所有县与县级市，但不包含计划单列市、自治县、地级市及地级市的市辖区。同时，为了保证数据的一致性，还删除了一些有区划变更的县与县级市。

表 5-1　各种影响时长下的"省直管县"体制净影响的估计结果

	GDP (1)	GDP (2)	GDP (3)	GDP (4)	GDP (5)
L	0.040	-0.267	-0.558	-0.280	-0.055
	(0.320)	(0.598)	(0.571)	(0.434)	(0.249)
K	0.177***	0.168***	0.167***	0.149***	0.126***
	(0.032)	(0.033)	(0.028)	(0.027)	(0.024)
du	-4.790***	-1.975**	-1.383*	0.509	0.299
	(0.919)	(0.863)	(0.742)	(0.634)	(0.587)
dt	-0.781	-3.859***	-0.647	1.689***	3.033***
	(0.820)	(0.977)	(0.681)	(0.616)	(0.680)
du × dt	4.071***	5.197***	3.323***	1.274	-0.109
	(1.070)	(1.260)	(0.976)	(0.826)	(0.851)
_const	87.793***	116.728*	145.314**	118.460***	98.069***
	(31.820)	(59.768)	(56.874)	(43.359)	(25.144)
N	228	228	228	228	228
R^2	0.192	0.257	0.238	0.322	0.319
Adj R^2	0.173	0.240	0.221	0.306	0.303

注：圆括号内为自体抽样（Bootstrap）标准误。*代表 $p < 0.1$，**代表 $p < 0.05$，***代表 $p < 0.01$。

对于估计结果的推断,为了提高稳健性,在获得参数标准误时均采用自体抽样(Bootstrap)的方法,其抽样次数为 2000 次,这种标准误的获取方法可以有效地避免由异方差等导致的推断稳健性问题。从估计结果看,资本存量的估计系数在五个模型中均显著为正,符合一般的理论与实际的预期。人口的估计系数有正有负,但均不显著,这一结果也说明人口或者劳动力并不是经济增长的主要因素。

在双差分模型中,最应该关心的是 du×dt 的估计系数。从表 5-1 的估计结果看,该参数估计的结果主要有以下四个特点。

第一,该参数从模型(1)到模型(3)的估计结果均为正,且都可在 1% 的显著性水平上显著。这说明"省直管县"体制对经济绩效存在着显著的正效应。就一年内的影响而言,"省直管县"体制的实施,使得浙江省各县的平均 GDP 指数增加了 4.071 个百分点。

第二,"省直管县"体制的积极效应在政策实施后的第一年就显著存在。这一点与大多数宏观政策的滞后性有所不同。这说明经济绩效对"省直管县"体制的反应十分灵敏。当然,这也可能与浙江省在 2003 年以前就不断地尝试"省直管县"体制存在着密切的关系。

第三,"省直管县"体制的积极效应不只存在于实施当年,通常会持续数年。从估计的结果看至少在三年以内都有显著的积极效应。这与大多数宏观政策的持续性是一致的。

第四,"省直管县"体制的积极作用会随着时间推移而不断减小。在两年内的估计模型中,"省直管县"体制使得浙江省各县的平均 GDP 指数增加了 5.197 个百分点。在三年内的估计模型中,这种效应就下降到了 3.323,即"省直管县"体制使得浙江省各县的平均 GDP 指数增加了 3.323 个百分点。四年内的估计结果显示,这种效应已经不能在 10% 的显著性水平上显著。最终,在五年内的模型中,"省直管县"体制对经济绩效的作用已经变为消极影响,当然这一结果也不能在 10% 的显著性水平上显著。

这种积极作用不断衰减的现象,其产生的原因可能来自三个方面。

首先,积极作用的衰减真实地反映了该体制影响的部分特征。根据索洛模型的预测可知,经济增长总是收敛于平衡增长路径。而"省直管县"体制的实施就是提高了原来的平衡增长路径。此时,浙江省的经济增长将加速向新的平衡增长路径收敛。但是,收敛的速度会越来越慢。这就体现为体制实施初期的影响较大,但随着向平衡增长路径的靠近,其影响就会越来越小。

其次，模型的处理方法降低了实际的衰减速度。由数据的处理方法可知，不同时间长度的估计结果反映的不是"省直管县"体制在当年产生的净影响，而是几年内影响的算术平均值。算术平均的处理方式（样本扩充处理方式具有类似的效果）也会减缓实际效应的消失速度。例如，如果"省直管县"体制的实施在第一、第二、第三年的净效应分别为 3 个百分点、4 个百分点和 2 个百分点，并从第四年开始对经济绩效再无显著影响。那么，从算术平均值的角度看，第一年的净影响还是 3 个百分点，但前两年的净影响就变为 3.5 个百分点，前三年的净影响就变为 3 个百分点，前四年的净影响就下降到 2.25 个百分点。依此类推，算术平均的处理方式会延缓该体制净效应的衰减速度，但最终还是会因收敛于平衡增长路径而不再具有显著影响（比如估计结果中的第四年与第五年）。

最后，福建省"省直管县"财政体制的逐渐实施可能加速该体制净效应的衰减速度。福建省进行"省直管县"财政体制的试点后，必然缩小其与浙江省的制度差异，因此，这就会减弱"省直管县"体制对浙江省的积极效应。福建省是在 2004 年前后开始试行"省直管县"的财政体制，如果"省直管县"体制对经济绩效的影响具有一定的普遍性，那么，在对照组样本中包含的部分实验个体，就会显著降低体制净效应的估计值。在估计结果中就体现为 $du \times dt$ 估计系数的降低。在四年影响模型中，政策实施后的数据是 2004 ~ 2007 年的平均值，此时福建省在"省直管县"方面的探索已经进行了两三年。可能正是因为"省直管县"体制对福建省的经济绩效同样具有显著的积极作用，才加速了净效应估计值的降低。如果这种原因存在，那么不仅可以解释该体制在浙江省的效应衰减，而且可以说明该体制的积极效应具有一定的普遍性。因此，有必要通过一定的方式进行检验。

三、剔除福建省县级市的结果：一种猜测的检验

如果"省直管县"体制在福建省的试点同样具有促进经济绩效的作用，并因此削弱了模型中净效应的估计值，那么将进行试点的样本从对照组中剔除，应该可以显著地提高净效应的估计结果及其显著性水平。由于无法确切地找到 2004 年前后福建省具体在哪几个县进行了"省直管县"的财政体制试点，因此，只能按照通常试点县的选择依据做出猜测。通常情况下，

试点县都会选择一些经济实力比较强的县，而经济实力较强的县一般都是县级市。因此，首先将福建省中所有的县级市从对照组样本中剔除。其次，考虑到2003年浙江省的改革主要是针对17个县（市）进行了扩权，因此，不在这17个县（市）中的县级市要么在以前已经具有相应的权力，要么是一直没有相应的权力。不管属于哪种情况，这样的县级市都不算是合格的实验组样本。基于此，将其从实验组样本中剔除。经过如上调整后的样本空间，实验组共有48个样本，对照组共有44个样本，重新估计双差分模型，结果如表5-2所示。

表5-2　剔除样本后各种时长下"省直管县"体制净效应的估计结果

	GDP (1)	GDP (2)	GDP (3)	GDP (4)	GDP (5)
L	-0.003	-0.440	-0.726	-0.339	-0.683 **
	(0.438)	(0.740)	(0.700)	(0.496)	(0.332)
K	0.186 ***	0.175 ***	0.177 ***	0.163 ***	0.137 ***
	(0.032)	(0.036)	(0.030)	(0.030)	(0.027)
du	-4.708 ***	-1.780 *	-1.433 *	0.508	0.167
	(1.021)	(0.987)	(0.808)	(0.719)	(0.671)
dt	-1.120	-4.115 ***	-0.983	1.438 *	1.854 **
	(0.967)	(1.186)	(0.840)	(0.771)	(0.828)
du × dt	4.557 ***	5.813 ***	3.857 ***	1.593 *	1.395
	(1.215)	(1.422)	(1.120)	(0.936)	(1.004)
_const	90.718 **	132.834 *	160.933 **	112.836 **	116.728 *
	(43.623)	(74.146)	(69.937)	(49.966)	(59.768)
N	184	184	184	184	184
R²	0.245	0.317	0.298	0.352	0.361
Adj R²	0.223	0.298	0.278	0.334	0.343

注：圆括号内为自体抽样（Bootstrap）标准误。* 代表 $p < 0.1$，** 代表 $p < 0.05$，*** 代表 $p < 0.01$。

从表5-2可以看到，剔除福建省中的县级市样本以后，du × dt 的估计系数在时长为四年与五年的模型中发生了显著的变化。首先，在四年时长模型中，原来的估计系数为1.274但不显著，而新的估计结果放大为

1.593，而且可以在 10% 的显著性水平上显著。其次，在五年时长的模型中，原来的估计系数小于 0 但不显著，而在新的估计结果中，虽然同样不能在 10% 的显著性水平上显著，但其系数已经变为正的 1.395。实际上，在五年时长的估计结果中，$du \times dt$ 的估计系数的 p 值已经由原来的 0.88 提高到了 0.15 左右。最后，从影响时长为一年、两年与三年的模型估计结果也可以发现类似的结论。这些结论都说明了，如果可以准确地去除福建省的试点县，那么就可以有效地排除"省直管县"体制对福建省经济绩效的积极影响，从而可以进一步得到该体制对浙江省的净效应。同时，也从另一个角度说明，"省直管县"体制不仅对浙江省的经济绩效具有积极影响，而且对福建省的经济绩效也具有类似的积极影响。因此，"省直管县"体制对经济绩效的促进作用不是只针对浙江省的个别特例，而是具有一定的普遍性。

四、稳健性检验

模型设置与估计结果的质量如何还需要对其进行稳健性检验。从上面的估计结果可以看到，"省直管县"体制在三年内均存在显著的积极效应，而且经过重新筛选后的样本更能够反映出"省直管县"体制对于浙江省经济绩效的净效应。基于此，使用经过重新筛选后的样本，对三年时长的模型进行稳健性检验。重新筛选后的样本空间，实验组共有样本 48 个，对照组共有样本 44 个，再算上实施前与实施后的两期观测，共计 184 组数据。稳健性检验方式为对实验组与对照组样本的随机抽样进行估计，通过比较前后估计结果的一致性来考察估计结果的稳健性。具体而言，从实验组中随机抽取 38 个样本，从对照组中随机抽取 34 个样本。如果模型是稳健的，那么随机抽样的估计结果就不会有明显的波动，即不会与前面的估计结果有较大的差异。考虑到抽样的随机性，将这一操作重复进行四次。最终得到的四组估计结果如表 5-3 所示。

从表 5-3 的结果中可以看到，四次随机抽样的估计结果与表 5-2 中第三列的估计结果十分接近。反映"省直管县"体制净效应的估计系数在原样本中的估计结果为 3.857，而且在 1% 的显著性水平上显著，而四次随机抽样的估计结果则介于 3.4773 与 3.8026 之间，并且也都可在 1% 的显著性水平上显著。可以看到，随机抽样的估计结果与原样本的结果并无明显差异。因此，可以认为模型设置与估计结果是稳健的。

表 5 - 3 四次随机抽样下三年时长模型的估计结果

	GDP	GDP	GDP	GDP
L	− 0. 5700	− 0. 7273	− 0. 5909	− 1. 9706 *
	(0. 6530)	(0. 7321)	(0. 7137)	(1. 1718)
K	0. 1995 ***	0. 1592 ***	0. 2068 ***	0. 1922 ***
	(0. 0369)	(0. 0367)	(0. 0409)	(0. 0378)
du	− 1. 3039	− 1. 4900	− 1. 7283 *	− 1. 6424 *
	(0. 9441)	(0. 9274)	(0. 9540)	(0. 9370)
dt	− 0. 7590	− 0. 8646	− 0. 9675	− 1. 0796
	(0. 9686)	(1. 0130)	(0. 9846)	(0. 9315)
du × dt	3. 4773 ***	3. 8026 ***	3. 7389 ***	3. 7110 ***
	(1. 2988)	(1. 2701)	(1. 3180)	(1. 3710)
_ const	142. 5894 **	132. 834 *	144. 1994 **	283. 8142 **
	(65. 2542)	(73. 2622)	(71. 5973)	(116. 6423)
N	144	144	144	144
R^2	0. 245	0. 2400	0. 3044	0. 2937
Adj R^2	0. 223	0. 2124	0. 2792	0. 2682

注：圆括号内为自体抽样（Bootstrap）标准误。* 代表 $p < 0.1$，* * 代表 $p < 0.05$，* * * 代表 $p < 0.01$。

五、基本结论

通过利用含有控制变量的双差分模型，并以浙江省为实验组，以福建省为对照组，详细检验了"省直管县"体制对浙江省经济绩效的净效应。检验结果至少说明四个结论。

首先，"省直管县"体制对浙江省的经济绩效具有显著的促进作用，而且在该体制实施后的第一年就十分明显，这一年可使浙江省各县的 GDP 指数平均增加约 4.557 个百分点。

其次，"省直管县"体制的积极效应具有一定的持续作用，在政策实施后的三年到四年内均有显著的积极效应。从算术平均的角度来看，"省直管县"体制在实施后的两年中，平均每年可使浙江省各县的 GDP 指数增加约

5.813 个百分点；在实施后的三年中，平均每年可使浙江省各县的 GDP 指数增加约 3.857 个百分点；在实施后的四年中，平均每年可使浙江省各县的 GDP 指数增加约 1.593 个百分点。而且，这些结果可以通过稳健性的检验。

再次，剔除福建省试点县的估计结果表明，"省直管县"体制的净效应逐渐减弱，这反映了经济向新的更高的平衡增长路径的收敛过程，不能说明该体制对经济不存在持续的影响，只是其持续影响并不体现为人均产出的增长率，而是体现为更高的人均产出水平。

最后，虽然对于"省直管县"体制的检验是以浙江省为实验组的，但是剔除福建省试点县以后的检验的结论，也从另一个侧面说明了该体制对于福建省的经济绩效具有类似的促进作用。因此，可以基本认为"省直管县"体制对经济绩效的促进作用不是个别的特例，而是具有普遍性的。

这一实证检验结论进一步支持了实施"省直管县"这一制度安排的合理性和有效性，为地方政府的结构优化提供了必要的理论支撑。

第六章 中国地方政府支出结构优化：公共服务拥挤性检验

提供当地居民所需的公共服务是地方政府的必要职能之一。供给公共服务离不开相应的财政支出，因此，财政支出优化应该更多地关注居民的实际需求，而不是经济绩效。显然，考察居民对公共服务的满足程度，需要了解居民的实际需求。接下来，在讨论获取中国居民对公共服务实际偏好的基础上，用公共服务拥挤性系数衡量居民的满足水平，进而优化相应的财政支出，为优化政府财政支出结构提供实证依据。

第一节 公共服务的偏好显示机制

公共服务的供给通常由集体决定，其成本也由集体承担，因而不能通过市场价格的机制来显示每一个人的真实偏好。这也就导致每一个人都具有"搭便车"的动机。为了能够获取人们对于公共服务的真实偏好，许多学者提出了各种理论模型与方法。

首先，Tiebout（1956）的"用脚投票"是最具影响力的模型之一。"用脚投票"模型指出，当个人可以自由地选择居住地，企业可以自由地选择经营地，或者说个人与企业的搬迁成本很低时，地方政府之间就会形成激烈的竞争。一方面，地方政府为确保其财政收入并留住更多的人力资本，会不断地调查居民对公共服务的真实偏好，并努力地满足其需求。另一方面，居民对地方政府财政收支信息比较了解，也会激励他们主动选择可以满足自身偏好的地方定居。因此，通过将居民定居地与该地区公共服务供给情况相结合，就可以确定该地区居民对于公共服务的需求情况。不可否认，该模型是有效的，但户籍制度等因素限制了中国人口的跨省流动。因此，就中国的实际制度环境而言，很难通过地方供给的实际情况来确定当地居民对于公共服务的真实偏好。

其次，中间投票人法也具有很大的影响。该方法假设公共服务的供给取决于居民投票，而投票的结果则主要体现了中间投票人的偏好。Bowen（1943）借助投票机制中的"多数法则"，从理论的角度描述了公共服务供给与需求的均衡状态，这种均衡状态是多数人的效用最大化。在此基础之上，Downs（1957）借用 Hotelling（1929）在研究地域竞争中使用的方法，正式提出了中间投票人定理。中间投票人定理指出，在一个集体决策的投票过程中，如果每一个人都是单峰偏好，则中间投票人所持有的偏好会最终获胜，因为此时可使该集体的福利损失最小。依据该定理，许多学者建立了个人对地方公共服务的需求模型，并对模型做出了定量估计（Barr 和 Davis，1966；Barlow，1970；Bergstrom 和 Goodman，1973；Borcherding 和 Deacon，1972）。在这些研究中，居民以税收的方式支付公共服务的成本，并根据自己的效用函数选择使自己效用最大化的公共服务的供给量。根据中间投票人定理可知，最终的公共服务供给决策由中间投票人决定，即由收入为总体收入水平中位数的居民决定（模型中通过收入水平来衡量中间投票人）。法国学者 Guengant 和 Josselin 等（2002），以及一些中国学者在研究地方公共服务需求时也都使用了这种方法（卢洪友、卢盛峰和陈思霞，2011；王德祥和李建军，2008）。

除了"用脚投票"与中间投票人以外，有关确定居民对于公共服务偏好的模型与方法还有许多。比如密封投标递价法，这种方法起初用于竞标。在一个竞价过程中，竞价者将其标价密封递交，并规定最终中标者只需支付第二高价。通过证明可知，竞价者的最优策略就是按其真实偏好据实出标（Vickrey，1961）。虽然这种竞价过程可以反映竞价者的真实偏好，但实施过程比较复杂，用于类别繁多的公共服务的供给时成本过高。再如或有估价法（Contingent Valuation Method），这种方法是通过巧妙的问卷设计实现偏好的直接显示。Davis（1963）运用或有估价法确定了荒地爱好者和狩猎者对某一休闲地区的评价。Amirnejad 和 Khalilian 等（2006）运用类似的方法估计了伊朗北部森林的价值。这种方法的关键在于独特的问卷设计，因此，该方法难以广泛地应用于类别复杂的公共服务需求。除以之外，还有许多研究通过观测居民在有关公共服务供给投票中的表现来估计他们的偏好（Banfield 和 Wilson，1965；Deacon 和 Shapiro，1975；Birdsall，1965）。但这种方法需要依据历史的投票数据，因此，也只适用于某些比较具体的公共服务，而且需要大量的跟踪调查数据。

从现有的这些模型与方法可以看到，中间投票人法的描述比较符合中国实际的制度环境，一是符合投票决定的机制，二是符合多数原则。不仅如此，这一理论模型在操作上也简单明了。基于此，下面将通过中间投票人定理来确定中国居民对于公共服务的真实需求，并在 Borcherding 和 Deacon（1972）模型的基础上估计公共服务的拥挤性，进而为优化相应的财政支出提供经验依据。

第二节 公共服务供给的拥挤性与供给不足

与私人物品不同，公共服务具有非完全竞争的特征，所有居民消费量的加总可以超过公共服务资源的供给总量，或者说是每个人的消费量均可能大于公共服务资源供给总量的人均值。同时，与纯公共物品也不同，公共服务不具有完全非竞争的特征，即每个人的消费量不可能都等于公共服务提供的总量。其实，大多数公共服务都介于私人物品与纯公共物品之间，属于准公共物品，每一个人的消费水平受到人口数量与提供总量的共同影响，因此，公共服务的消费可能存在"规模效应"、"拥挤效应"以及"供需平衡"三种现象。在公共服务供给总量不变的前提下，当消费总人数较少时，消费人数的增加不会影响其他消费者的消费量，反而会减少他们的投入成本，即所有人的效用加总会增加（也可以理解为成本降低时的人均利用率的增加），此时公共服务的消费表现出"规模效应"。但是，随着消费人数的继续增长，当超过某一临界值时，消费人数的继续增加就会减少其他消费者的消费量，而且减少量的总和将大于增加人的消费量，即所有人的效用加总会减少，此时公共服务的消费出现"拥挤效应"。从供需关系的角度看就是，当存在"规模效应"时，公共服务的供给可以满足需求，但每个人承担的成本较高，当存在"拥挤效应"时，公共服务的供给不能满足需求。只有在临界值处，公共服务的供需达到平衡。由此可知，公共服务的人均消费水平与人口规模之间的关系可以有效地说明其供给与需求的匹配情况，这一匹配关系则反映了供给的充足性程度，或者说是需求的满足性程度。

如果用 Q 表示公共服务的人均消费量，用 Z 表示公共服务的供给总量，用 N 表示同时享有公共服务的人口规模，那么，根据 Borcherding 和 Deacon (1972)，以及 Bergstrom 和 Goodman (1973) 的处理方式，可将三者之间的关系表示为 $Q = g(N)Z$，即公共服务的人均消费量等于其总供给量与一个人口规模函数的乘积。

为了估计公共服务人均消费量与人口规模变动量两者之间的关系，可以定义公共服务人均消费量的人口规模弹性 $\eta_N = (\partial Q/\partial N) \cdot (N/Q)$ 为拥挤系数，并将这一系数的大小称为公共服务的拥挤性水平。根据弹性的定义可知：当拥挤系数 $\eta_N = 0$ 时，公共服务人均消费量的变动与人口规模的变动没有关系，这说明此时或此类公共物品或服务是纯公共物品，不论人口规模怎么改变，人均的消费量都不会改变；当拥挤系数 $\eta_N > 0$ 时，人口规模的扩大增加了公共服务的人均消费量，这说明此时的公共物品或服务的消费表现出"规模效应"，扩大人口规模可以提高公共服务资源的利用率；当拥挤系数 $\eta_N < 0$ 时，人口规模的扩大降低了公共服务的人均消费量，这说明此时的供给不能满足需求，表现出"拥挤效应"，应该增加公共服务资源的供给。

根据拥挤系数 η_N 的定义，以及 $Q = g(N)Z$ 可以得到：

$$\eta_N = g'(N)Z \cdot \frac{N}{g(N)Z} = \frac{g'(N)N}{g(N)} \tag{6-1}$$

根据大多数研究的设定方式（卢洪友、卢盛峰和陈思霞，2011；Bergstrom 和 Goodman，1973；Borcherding 和 Deacon，1972），通常可假设 $g(N) = N^\gamma$，由此可以得到如下关系：

$$\eta_N = \frac{\gamma N^{\gamma-1}N}{N^\gamma} = \gamma \tag{6-2}$$

由此可见，在这种假设下，可用待估计参数 γ 来衡量拥挤系数 η_N 的水平。此时，还有一个关键值值得注意，当 $\gamma < -1$ 时，则意味着公共服务的供给效率还不如私人物品，这是因为私人物品的人均消费量等于供给总量的 $1/N$，其对应着 $\gamma = -1$。

综上可知，拥挤系数 η_N 可以有效地反映公共服务的供需平衡程度，而考察拥挤系数可以获取政府供给公共服务时存在的问题，知道问题所在是优化政府财政支出结构的必要前提与关键步骤。例如，当某一类公共物品或服务存在"规模效应"时，则说明其供给是充足的，应该适当地削弱其供给并弥补其他供给不足的公共服务。同样的，当某类公共物品或服务存在"拥挤效应"时，则说明其供给不能满足需求，应该通过减少其他供给足够充分的公共物品或服务来弥补此类的供给不足。具体而言，在通常的假设条件下，即 $g(N) = N^\gamma$，可以通过估计参数 γ 来考察公共服务的供给是否能够满足需求。为此，接下来通过构建中国地方公共服务需求决定模型来估计参数 γ，即估计地方公共服务的拥挤性。

第三节　中国地方公共服务需求决定模型与估计

一、基本形式

在 Borcherding 和 Deacon（1972）的基础上根据中间投票人定理可知，地方政府的公共服务供应水平等于该地区中间投票人对公共服务的需求量，或者说地方政府在公共服务上的支出完全体现了中间投票人 m 的实际需求。依据理性人假设，中间投票人的目标旨在追求个人收益的最大化：

$$maxU_m(x_m, Q) \tag{6-3}$$

其中，x_m 为中间投票人消费私人物品的总支出，而中间投票人能够享有的公共服务数量用 Q 表示。因为中间投票人在追求个人收益最大化的同时，会受到其预算收入的约束，所以做出如下假设。假设中间投票人 m 在享有公共服务时必须支付一定的税收份额 τ_m 作为享有公共服务的成本，并假设这一税收份额 τ_m 只取决于其福利与收入等个人因素，不会随着公共服务总供给的变化而改变，也不会随着他表达公共服务需求的方式而改变，而且中间投票人清楚地了解自己的税收份额与公共服务的单位成本。如果用 c 表示单位公共服务的供给成本，用 Z 表示公共服务的供给总量，用 y_m 表示中间投票人的可支配收入，那么中间投票人的预算约束可表示为：

$$x_m + \tau_m \cdot c \cdot Z = y_m \tag{6-4}$$

除了预算约束外，中间投票人所能享有的公共服务量还受到人口规模的影响，即可能因人口因素而产生拥挤现象。因此，还需要考虑因人口规模导致拥挤效应的约束：

$$Q = g(N) \cdot Z = N^{\gamma} \cdot Z \tag{6-5}$$

联立收入预算约束方程（6-4）与人口规模约束方程（6-5），可将其整理如下：

$$x_m + \tau_m \cdot c \cdot N^{-\gamma} \cdot Q = y_m \tag{6-6}$$

方程（6-6）说明中间投票人的可支配收入主要用于私人物品消费的支出 x_m 和公共服务的消费支出 $\tau_m \cdot c \cdot N^{-\gamma} \cdot Q$ 两个部分。由于 Q 是中间投票人对公共服务的需求量，因此，可将 $\tau_m c N^{-\gamma}$ 视为公共服务的单位价格。那么，可将中间投票人对公共服务的需求 Q 改写成一个与价格和其收入有关的需求函数，其形式如下[①]：

$$Q = \alpha (\tau_m c N^{-\gamma})^a (y_m)^b \tag{6-7}$$

其中，a 为需求的价格弹性，b 为需求的收入弹性，α 为影响系数。根据人口规模对公共服务供给总量的影响关系（6-5），可以得到公共服务供给总量的决定方程如下：

$$Z = N^{-\gamma} \alpha (\tau_m c N^{-\gamma})^a (y_m)^b \tag{6-8}$$

由于数据获取的要求，将总量关系方程（6-8）两边乘以公共服务的单位成本 c，转换为对应的成本支出，再除以人口规模 N，就可以得到公共服务供给成本的人均支出 $e(e = Zc/N)$ 的决定方程，其中，中间投票人的税收份额 τ_m 用 $1/N$ 近似代替，经整理可得到如下关系：

$$\begin{aligned}
e &= \frac{1}{N} N^{-\gamma} \alpha \tau_m^a c^{a+1} N^{-\gamma a} \cdot y_m^b \\
&= \frac{1}{N} \cdot N^{-\gamma} \cdot \alpha N^{-a} \cdot c^{a+1} N^{-\gamma a} \cdot y_m^b \\
&= \alpha N^{-(a+1)} \cdot c^{a+1} \cdot N^{-\gamma(a+1)} \cdot y_m^b \\
&= \alpha c^{a+1} N^{-(\gamma+1)(a+1)} y_m^b
\end{aligned} \tag{6-9}$$

对公式（6-9）两边取自然对数可得：

$$\ln e = \ln\alpha + (a+1)\ln c - (\gamma+1)(a+1)\ln N + b\ln y_m \tag{6-10}$$

令 $\beta_0 = \ln\alpha$，$\beta_1 = a+1$，$\beta_2 = -(\gamma+1)(a+1)$，$\beta_3 = b$，改写上述公式，可得到如下方程：

[①] 本书以基本的对数线性形式设定该需求函数。

$$\ln e = \beta_0 + \beta_1 \ln c + \beta_2 \ln N + \beta_3 \ln y_m \qquad (6-11)$$

从方程（6-11）可以看到，公共服务的需求主要取决于三个因素，分别是公共服务的供给成本、共同享有公共服务的人口规模以及中间投票人的收入。这就是地方公共服务需求决定模型的基本形式。

二、其他影响因素

除了公共服务的供给成本、共同享有公共服务的人口规模以及中间投票人的收入这三个因素以外，还有许多其他因素也会影响地方居民公共服务的整体需求。因此，为了更为准确地反映地方公共服务供需结构的整体特征，需要增加一些必要的控制变量。

第一，由于个体偏好存在显著差异，因此，人口结构特征会影响该地区居民对于公共服务的需求类型与数量。这些人口结构特征可能包括生活状况、年龄分布、经济条件、种族构成和家庭结构等诸多因素。Bergstrom 和 Goodman（1973）发现有房人口比例和失业率的提高会减少居民对地方公共服务的需求，而65岁以上人口比例的扩大会增加居民对公园和娱乐等公共服务的需求。Glazer 和 Niskanen（1997）则分析了穷人与富人在公共服务需求上的不同偏好。还有研究指出，在美国，非白人人口比率越高，地方公共物品的需求量就越大，这说明种族构成也是影响地方公共服务需求的因素。除个体特征外，家庭结构特征也会对地方公共服务需求存在影响。钟宇平和陆根书（2006）对中国大陆的研究发现，家庭中兄弟姐妹数量越多，其对高等教育的需求就越小，而父母的期望越高，其对高等教育的需求就越大。由此可见，人口结构特征表现在多个方面，其决定的因素很多，这些因素都有可能影响地方公共服务的需求结构（类型、数量与质量等）。

第二，经济发展阶段也是影响地方公共服务需求的关键因素。首先，经济发展阶段影响着个体经济条件，进而影响个体偏好。马斯洛的需求层次理论将个体需求从低到高划分为若干层次，虽然具体内容的划分可能存在争议，但不可否认的是个体需求存在层次差异。恩格尔法则也指出，一个家庭的食物支出在总支出中的比例与其总收入成反比，即随着收入水平的提高，个体对于衣、食、住、行等基本需求的份额会逐步降低，转而追求更高层次的公共服务，比如教育、医疗、安全、社会保障、公共文化等。简言之，个体偏好或其需求结构会随着其经济条件的变化而不断调整。其次，经济发展阶段影响着产业结构，而不同产业结构所需要的公共服务完全不同。制造业所需要的教育环境和方式与农业不同，制造业所需要的基础设施、金融体制和法律环境等公共服务资源与农业也不一样。同样，信息时代社会所需要的各种公共服务资源与制造业的也不一样。最后，经济发展的不同阶段，其对于公共服务的需求也明显不同。经济发展的早期阶段，经济的快速增长需要拥有一个良好的生产性投资环境，其公共服务需求更多地表现在交通、水利、通信等基础设施方面。当经济进入成熟阶段后，城市竞争力的提高需要一个有利于自主创新的发展环境，其公共服务需求更多地表现在教育、科技、文化等软实力建设方面。

第三，地域范围也是影响地方公共服务需求的因素之一。地域范围与人口规模共同决定着人口密度，而人口密度通过改变政府提供公共服务的成本影响需求。美国房地产研究协会发现，与人口密度较高的紧凑型发展模式相比，低人口密度的蔓延式发展模式提高了公共服务的成本，并进一步指出公共服务成本是辖区面积的函数。其中的原因至少表现在两个方面：一是人口稀少的地区难以有足够的财政收入来提供必要的公共设施，比如教育、道路、自来水、下水道等；二是地域广阔增加了警察、消防和医疗卫生等公共服务的成本。例如，Burchell 和 Lowenstein 等（2002）就发现，高人口密度城市可以节约 13.4% 的道路成本和 3% 左右的其他基础设施建设成本。Holcombe 和 Williams（2008）进一步发现人口密度对不同类型的公共服务成本存在着不同的影响。王德祥和李建军（2009）对中国的经验数据进行了实证检验，其结果也说明地域面积与人均财政总支出、支农支出和教育支出之间存在着显著的正相关关系。

除了上述三个方面，影响地方公共服务需求的因素还有很多[①]。然而，本书的重点并不是穷尽这些影响因素，而是当地居民的实际满足水平，即公共服务的拥挤性程度，因此，控制变量的选择主要从上述三个方面进行设定。人口结构特征主要通过以下因素描述：14 岁及以下人口比例、65 岁及以上人口比例、性别比例、城镇登记失业率和人口自然增长率。经济发展阶段用人均 GDP 与第一产业总产值占 GDP 的比重来衡量。地域范围用地

[①] 比如许多实证检验都发现，提高上级政府的财政补贴会显著增加地方公共服务的需求，只是影响的大小有所不同（刘小鲁，2008；王德祥和李建军，2009；Guengant、Josselin 和 Rocaboy，2002）。

区的人口密度来衡量。将这些控制变量加入式（6 - 11），并改写成面板数据回归模型如下：

$$\ln e_{it} = \_const + \beta_1 \ln c_{it} + \beta_2 \ln N_{it} + \beta_3 \ln y_{m,it} + \beta_4 below14_{it} + \beta_5 above65_{it}$$
$$+ \beta_6 gender_{it} + \beta_7 unemp_{it} + \beta_8 popgrowth_{it} + \beta_9 \ln avgdp_{it} + \beta_{10} industry_{it}$$
$$+ \beta_{11} density_{it} + a_i + \varepsilon_{it} \qquad\qquad (6 - 12)$$

回归模型（6 - 12）中，下标 i 表示不同地区，下标 t 表示不同的年份，a_i 表示难以观测或测量的"个体效应"，根据不同的假设可以设定为固定效应或随机效应，ε 是随机干扰项，符合白噪声的假设。因变量 e 表示公共服务的人均支出额，根据考察对象的不同可以设定为不同类型的公共服务支出。自变量 c 表示公共服务供给的单位价格，N 表示共同享有公共服务的人口数量，y_m 表示中间投票人的收入。控制变量 below14 表示 14 岁及以下人口比例，above65 表示 65 岁及以上人口比例，gender 表示男女性别比例，unemp 表示城镇登记失业率，popgrowth 表示人口自然增长率，这些控制变量反映人口结构特征。控制变量 avgdp 表示人均 GDP，industry 表示第一产业总产值占 GDP 的比重，这两个控制变量反映经济发展阶段。最后，控制变量 density 表示人口密度。由相应的估计系数与其关系可知，需求价格弹性 $a = \beta_1 - 1$，收入价格弹性 $b = \beta_3$，拥挤系数 $\gamma = -(\beta_2 / \beta_1) - 1$，这三个待估计指标是本书关注的重点。

三、数据来源与处理

本书以省级区划为研究对象，共包括全国 30 个省、直辖市、自治区（由于数据异质性不包括西藏）。由于人口结构特征与财政分类支出数据的限制，时间范围主要考察 2001 ~ 2011 年。接下来，对模型（6 - 12）所涉及的数据来源与处理方式进行简要说明。

e 为公共服务的人均支出额，可用地方人均财政支出衡量。总体的人均财政支出包含公共服务的许多方面，如基础设施建设、教育、医疗卫生、就业与社会保障、节能环保和城乡社区事务等。可见，总体的人均财政支出主要反映公共服务供给的整体水平。如果使用相应的财政分项支出，则可以反映公共服务的某一具体方面。因此，除了考察公共服务的整体水平，本书还分析基本建设支出、教育支出、行政管理费、社会保障支出和医疗卫生支出。这些财政支出相关数据主要来自历年的《中国财政年鉴》，其人均值通过地区的年末总人口进行核算，并通过 GDP 平减指数将其换算为实际可比值。由于 2007 年调整了财政分项支出的类别划分，不仅新增与取消了一些分类，而且类别名称保持不变的，其统计口径也可能进行了调整。为了避免统计口径不一致对分析结果产生的偏误，本书将分别考察这两个时段。

c 为公共服务供给的单位价格，本书将从两个角度衡量公共服务的价格水平。第一是 CPI 指数，这也是现有研究通常的做法（王德祥和李建军，2009）。其原因是 CPI 指数涉及的内容比较全面，综合考虑了各种涉及居民日常生活的公共服务价格①。该数据来自历年的《中国统计年鉴》，为了使数据具有可比性，需要通过换算保持基年的一致（统计年鉴中的数据均以上一年为基年）。换算方法与第四章第一节中数据说明部分核算实际 GDP 指数的方法相同，其中换算的基年是 1978 年。第二是商品房价格指数。中国追求住房自有的文化背景与实际上的高住房自有率使拥有当地住房成为享有当地公共服务的主要因素，甚至是高于一切的关键因素。这说明商品房价格是居民评价公共服务的关键价格，甚至是唯一价格。虽然 CPI 指数所包含的内容比较全面，但其中并不包含商品房价格指数。因此，用商品房价格指数衡量公共服务的价格水平可能更为真实。本书的商品房价格通过商品房销售额与商品房销售面积计算而得，2004 年以前的数据来自《新中国六十年统计资料汇编》②，2004 年及以后的数据来自《中国经济统计快报》。获得了商品房的名义价格后，利用 GDP 平减指数换算为实际值，再核算以2001 年为基年的价格指数。具体方法同上。

N 为地区年末总人口，来自历年《中国统计年鉴》。该数据不仅是影响公共服务人均享有水平的自变量，也是核算人均财政总支出与分项支出的数据。

y_m 为中间投票人的收入水平。由于中间投票人的收入水平难以确定，因此可假设中间投票人的收入对应着所有居民收入的中位数，并用居民收入的平均水平来衡量。这似乎是一个过强的假设，不过即使该假设不成立，仍然可以证明通过收入为中位数的居民的偏好来描述整个地区的需求是有

---

① CPI 指数的构成包括食品、烟酒及用品、衣着、家庭设备用品及服务、医疗保健及个人用品、交通和通信、娱乐教育文化用品及服务、居住八大类，每个大类中又包含若干个具体项目，总共有300 多项。
② 其中黑龙江的计算结果大了一个数量级，本书进行了相应的调整。

效的（Bergstrom 和 Goodman，1973）。由于公共服务服务于城市和农村，因此，居民收入的平均水平也应该同时考虑城市与农村。其中，城市居民收入的平均水平可用城镇居民家庭人均可支配收入衡量，而农村居民收入的平均水平可用农村居民家庭人均纯收入衡量。那么，居民收入的平均水平的核算方法为：城镇居民家庭人均可支配收入×城镇居民所占比重＋农村居民家庭人均纯收入×农村居民所占比重[1]。最后，将核算得到的居民收入平均水平通过 GDP 平减指数换算为实际可比值。

below14、above65、gender、unemp 和 popgrowth 用来反映人口结构特征，都来自历年的《中国统计年鉴》，其中年龄结构与性别结构数据为不小于万分之八的抽样调查数据。

avgdp 用人均 GDP 衡量，是反映经济发展阶段的变量之一。该数据直接来自《中国统计年鉴》，并使用与其对应的人均 GDP 指数核算其实际值。

industry 反映经济发展阶段，用第一产业总产值占 GDP 的比重衡量，相应数据均来自历年《中国统计年鉴》。

density 为人口密度，由地区面积和年末总人口核算而得（单位为万人/平方公里）。其中，各地区的面积主要来自分省的统计年鉴。由于地区面积变化不大，因此，人口密度主要取决于地区总人口的变化情况。

四、面板单位根检验

待估计的数据为面板数据，共包含 30 个个体，每一个个体有 11 期观测值（有些只有 5 期观测值）。虽然个体数 N 很大于时序数 T，时序特征并不明显，但保守起见还是对数据的平稳性进行检验，即检验是否存在单位根。目前，面板数据单位根检验有许多统计量可供选择，比如 LLC（Levin、Lin 和 James Chu，2002）、IPS（Im、Pesaran 和 Shin，2003）、MADF（Taylor 和 Sarno，1998）和 Fisher - PP（Pesaran，2007）。不同的统计量在检验上具有不同的特点，以及不同的适用范围。其中 MADF 检验基于似无相关模型（SURE），因而要求面板数据的时序数大于截面个体数，而本书所用的数据是截面个体数大于时序数，因此，并不符合要求。Fisher - PP 以单个个体的

---

[1] 城镇与农村人口比重整理于《新中国六十年统计资料汇编》和历年《中国统计年鉴》，并对缺失的 2010 数据进行了估算。

ADF 检验为基础来构造 p 值，其优点主要体现在可用于非平衡面板。LLC 基于固定效应估计，假设所有序列均服从同一个 AR（1）过程，不仅允许个体固定效应的存在，而且考虑了截面异质性和干扰项的序列相关。与 LLC 不同，IPS 放宽了相同 AR（1）的假设，即 LLC 是相同单位根检验，IPS 是不同单位根检验。接下来主要使用固定效应估计模型，因此，使用 LLC 和 IPS 两个统计量检验主要变量是否存在单位根（面板单位根检验通常要包括相同单位根和不同单位根检验两个内容）。

从表 6－1 的检验结果看，LLC 检验在包含趋势项时显著拒绝了存在单位根的原假设，说明这些主要变量不存在相同的单位根。IPS 检验在包含趋势项时大都显著拒绝了存在单位根的原假设，即也不存在不相同的单位根[①]。因此，可认为被检验变量不存在单位根，不会存在伪回归问题。

表 6－1   中国地方公共服务需求决定模型的面板单位根检验

	LLC		IPS	
	No Trend	Trend	No Trend	Trend
支出总额	－ 11. 413 ***	－ 16. 505 ***	－ 1. 221	－ 2. 985 ***
教育支出	－ 5. 501	－ 12. 655 ***	－ 0. 463	－ 1. 982
行政管理	－ 7. 976 ***	－ 14. 224 ***	－ 2. 051 ***	－ 6. 003 ***
社会保障	－ 9. 216 ***	－ 16. 864 ***	－ 1. 676	－ 2. 443 *
CPI 指数	－ 7. 502 ***	－ 15. 473 ***	－ 0. 639	－ 1. 473
房价指数	－ 8. 635 ***	－ 12. 502 ***	－ 1. 803 **	－ 4. 477 ***
中位收入	－ 11. 204 ***	－ 14. 973 ***	－ 0. 977	－ 4. 851 ***
人均 GDP	－ 6. 376 **	－ 5. 401 ***	－ 1. 687 *	－ 17. 664 ***

注：*代表 p < 0. 1，**代表 p < 0. 05，***代表 p < 0. 01。LLC 检验的滞后参数为 1，IPS 检验的滞后参数为 3，由于基本建设与医疗卫生的时序数不足，因此，无法得到相应的统计量。

[①] 由于样本的时序数只有 11，时序特征并不明显，而且，现有统计量的渐近性假设普遍要求时序足够长。因此，这种短时序的面板数据不用过于关注单位根和伪回归的问题，该检验结果也仅供参考。后文的单位根检验不再对这些问题重复说明。

五、模型估计

根据不同的个体因素假设，模型（6－12）可以采用固定效应与随机效应两种设定进行估计。通过 Haumans 检验发现，在所有因变量的设定下，均拒绝了不存在系统性差异的原假设，可见随机效应的基本假设不能成立，因此，使用固定效应估计模型。同时，为了避免异方差与序列相关，采用 Driscoll 和 Kraay 的稳健型标准误推断估计结果，其滞后阶数选择为 1（Daniel，2007；Driscoll 和 Kraay，1998）。具体估计结果如表 6－2、表 6－3 所示，表 6－2 为以 CPI 指数衡量公共服务单位价格时的估计结果，表 6－3 为以商品房价格指数衡量公共服务单位价格时的估计结果。

首先，考察公共服务的需求价格弹性。从表 6－2 可以看到，以 CPI 指数衡量公共服务单位价格时，除支出总额外，还有三类公共服务的需求价格弹性大于 0（教育、行政管理和社会保障），即价格的降低反而会减少这类公共服务的需求量，这是"吉芬物品"的特征，这一结果显然有悖于经济学的理论预期与现实情况。与此不同，从表 6－3 可以看到，以商品房价格指数衡量公共服务单位价格时，各种公共服务及其整体的需求价格弹性均小于 0，这和理论预期与现实情况比较吻合。由于需求价格弹性取决于 lnc 的估计系数，而直接影响 lnc 系数估计结果的是价格指数，因此，商品房价格指数比 CPI 价格指数更为真实地反映了公共服务价格。其原因除上述的文化背景因素外，CPI 指数的系统性低估也是可能的原因之一。中国社会科学院的徐奇渊（2010）在《统计数据与主观感受：CPI 是风动还是帆动》中对 CPI 指数的系统性低估进行了测算，结果认为，2006 年 1 月至 2010 年 5 月，CPI 大约被系统地低估了 7 左右。比较该时期内的 CPI 指数与商品房价格指数可以看到，CPI 指数的均值为 103.1613，而商品房价格指数的均值为 110.2306，正好相差 7.0693。这说明商品房价格指数有可能是对 CPI 指数的真实反映。如果确实如此，那么，不是 CPI 指数不能有效衡量公共服务的价格水平，而是其系统的低估使其不适用于中国的特殊环境，尤其是 2006 年以来，通货膨胀比较严重的时期。简言之，不论商品房价格指数是对公共服务价格水平的直接反映，还是通过真实 CPI 指数的间接反映，都说明在中国的特殊环境下，应该使用商品房价格指数来衡量公共服务的价格水平。因此，接下来以表 6－3 的估计结果分析中国地方公共服务的需求情况。

表 6 - 2　以 CPI 指数衡量公共服务单位价格的中国
地方公共服务需求决定模型估计

	支出总额	基本建设	教育支出	行政管理	社会保障	医疗卫生
lnc	1. 8997 ***	- 0. 3608	2. 6733 ***	2. 0069 *	4. 3143 ***	- 0. 5448
	(0. 2823)	(0. 5425)	(0. 2509)	(1. 1376)	(1. 1510)	(0. 8256)
lnN	- 0. 4503 **	- 1. 8527 ***	0. 4251 **	0. 5361	0. 1261	- 0. 7517 ***
	(0. 1654)	(0. 4213)	(0. 1607)	(0. 3206)	(0. 3640)	(0. 1232)
lny_m	0. 4849 ***	0. 5484 ***	0. 3538 ***	0. 4684 ***	1. 0067 **	0. 8518 ***
	(0. 0982)	(0. 1420)	(0. 0450)	(0. 1437)	(0. 3920)	(0. 0804)
below14	0. 0021	0. 0117	0. 0028	- 0. 0114	- 0. 0272 **	0. 0020
	(0. 0028)	(0. 0118)	(0. 0037)	(0. 0106)	(0. 0124)	(0. 0137)
above65	- 0. 0007	- 0. 0132	0. 0107	0. 0737 **	- 0. 0203	0. 0093
	(0. 0114)	(0. 0330)	(0. 0074)	(0. 0291)	(0. 0307)	(0. 0122)
gender	0. 5293 **	- 0. 0492	0. 5571 **	1. 2066	- 0. 8256	1. 1119 ***
	(0. 2096)	(0. 2341)	(0. 2704)	(0. 8946)	(1. 1558)	(0. 2057)
umemp	0. 0070	- 0. 0330 ***	- 0. 0025	- 0. 0051	0. 0662 **	0. 0511
	(0. 0090)	(0. 0096)	(0. 0099)	(0. 0276)	(0. 0302)	(0. 0603)
popgrowth	0. 0235 ***	0. 0659 ***	0. 0189 ***	0. 1044 ***	0. 1311 ***	0. 0174
	(0. 0035)	(0. 0112)	(0. 0044)	(0. 0097)	(0. 0223)	(0. 0115)
lnavgdp	0. 5785 ***	0. 5094 **	0. 4833 ***	0. 6765 ***	0. 3454	1. 7978 ***
	(0. 0809)	(0. 1857)	(0. 0741)	(0. 1661)	(0. 3934)	(0. 2580)
industry	- 0. 0086 *	- 0. 0044	- 0. 0133 *	0. 0010	- 0. 0210	0. 0003
	(0. 0048)	(0. 0056)	(0. 0071)	(0. 0130)	(0. 0134)	(0. 0079)
density	- 4. 1606 ***	0. 6220	- 6. 1270 ***	- 5. 1678 **	- 4. 4074	- 4. 8346 ***
	(0. 7602)	(3. 6766)	(0. 7422)	(2. 3040)	(4. 6774)	(1. 0803)
_ const	- 10. 6108 ***	13. 1381 **	- 22. 5760 ***	- 23. 7863 ***	- 33. 3626 ***	- 9. 8443 **
	(1. 8249)	(6. 3944)	(1. 6193)	(6. 2633)	(6. 5039)	(3. 7643)
价格弹性	0. 8997	- 1. 3608	1. 6733	1. 0069	3. 3143	- 1. 5448
收入弹性	0. 4849	0. 5484	0. 3538	0. 4684	1. 0067	0. 8518
拥挤系数	- 0. 7630	- 6. 1352	- 1. 1590	- 1. 2671	- 1. 0292	- 2. 3797
N	330	180	330	330	330	150
R^2	0. 9793	0. 4935	0. 9765	0. 8882	0. 8644	0. 9365
Adj R^2	0. 9765	0. 3477	0. 9733	0. 8727	0. 8456	0. 9132

注：圆括号内为 Driscoll 和 Kraay 的稳健型标准误。* 代表 $p < 0.1$，** 代表 $p < 0.05$，*** 代表
$p < 0.01$。

表6-3　以商品房价格指数衡量公共服务单位价格的中国地方公共服务需求决定模型估计

	支出总额	基本建设	教育支出	行政管理	社会保障	医疗卫生
lnc	0.2693 ***	0.1336	0.2013 ***	0.0708	0.8565 ***	0.3021 ***
	(0.0521)	(0.1433)	(0.0592)	(0.1280)	(0.1455)	(0.1085)
lnN	-0.5669 ***	-1.7776 ***	0.3407 **	0.5088	-0.2487	-0.7896 ***
	(0.1397)	(0.3281)	(0.1341)	(0.3477)	(0.5065)	(0.1642)
lny_m	0.3580 ***	0.4950 ***	0.2808 ***	0.4684 ***	0.5729	0.7312 ***
	(0.0808)	(0.1624)	(0.0602)	(0.1408)	(0.4622)	(0.1792)
below14	0.0097 *	0.0121	0.0120 *	-0.0052	-0.0080	0.0038
	(0.0051)	(0.0117)	(0.0062)	(0.0125)	(0.0154)	(0.0131)
above65	0.0015	-0.0105	0.0084	0.0695 **	-0.0078	0.0148 *
	(0.0108)	(0.0333)	(0.0099)	(0.0306)	(0.0333)	(0.0079)
gender	1.1134 ***	0.0641	1.3335 ***	1.7688 *	0.5634	1.0338 ***
	(0.1427)	(0.1353)	(0.4589)	(1.0056)	(1.4471)	(0.2057)
umemp	0.0151	-0.0256 **	-0.0010	-0.0084	0.0985 **	0.0677
	(0.0199)	(0.0104)	(0.0235)	(0.0276)	(0.0472)	(0.0652)
popgrowth	-0.0061	0.0626 ***	-0.0135 *	0.0843 ***	0.0510 **	0.0205 ***
	(0.0055)	(0.0115)	(0.0069)	(0.0130)	(0.0227)	(0.0073)
lnavgdp	1.0931 ***	0.4218 **	1.2175 ***	1.2322 ***	1.5003 ***	1.5344 ***
	(0.0568)	(0.1573)	(0.0549)	(0.1983)	(0.3399)	(0.2198)
industry	0.0087 *	-0.0026	0.0063	0.0135	0.0248	-0.0022
	(0.0050)	(0.0062)	(0.0094)	(0.0213)	(0.0212)	(0.0041)
density	-4.1495 ***	0.5403	-6.5244 ***	-5.6527 **	-3.8134	-4.8475 ***
	(0.8052)	(3.2603)	(0.7122)	(2.3836)	(4.8228)	(0.7176)
_const	-3.3382 ***	10.5858 ***	-12.8065 ***	-16.6621 ***	-16.2067 ***	-11.3566 ***
	(0.8266)	(3.1805)	(0.5375)	(3.1640)	(3.6774)	(2.1607)
价格弹性	-0.7307 ***	-0.8664	-0.7987 ***	-0.9292	-0.1435 ***	-0.6979 ***
收入弹性	0.3580 ***	0.4950 ***	0.2808 ***	0.4684 ***	0.5729	0.7312 ***
拥挤系数	1.1049 ***	12.3054①	-2.6926 **	-8.1869②	-0.7096	1.6137 ***③
N	330	180	330	330	330	150
R^2	0.9737	0.4960	0.9634	0.8824	0.8595	0.9381
Adj R^2	0.9701	0.3509	0.9584	0.8661	0.8400	0.9153

注：圆括号内为 Driscoll 和 Kraay 的稳健型标准误。拥挤系数的显著性水平与 lnc 和 lnN 的比值有关，因此，其意义并不是简单的显著异于 0。＊代表 p＜0.1，＊＊代表 p＜0.05，＊＊＊代表 p＜0.01。①分地区来看，基础建设在东部、中部和西部的拥挤系数分别为 8.4879＊＊、-15.2681＊和 -3.4765。②2007 年开始调整了财政支出的分类方式，2007 年以前为行政管理费，2007 年及以后为一般公共服务。分别考虑这两个指标的估计结果显示，2001～2006 年行政管理费的需求价格弹性、需求收入弹性和拥挤系数分别为 -0.9406、0.1631＊＊和 4.2727，2007～2011 年一般公共服务的需求价格弹性、需求收入弹性和拥挤系数分别为 -0.8765＊＊、0.3163＊＊和 7.1214＊＊。③分地区来看，医疗卫生在东部、中部和西部的拥挤系数分别为 2.2474＊＊＊、9.5610 和 -2.5724。

从需求价格弹性看，公共服务总体的价格提高 1%，其需求下降 0.7307%；基本建设的价格提高 1%，其需求下降 0.8664%；教育的价格提高 1%，其需求下降 0.7987%；行政管理的价格提高 1%，其需求下降 0.9292%；社会保障的价格提高 1%，其需求下降 0.1435%；医疗卫生的价格提高 1%，其需求下降 0.6979%。按照经济学中的划分方式，小于单位弹性的物品称为缺乏弹性，这些物品通常是生活必需品，而大于单位弹性的物品称为富有弹性，这些物品通常属于奢侈品。依此划分标准可知，上述各种公共服务的需求价格弹性都小于单位弹性（绝对值小于 1），因此，这些公共服务还都属于生活必需品，居民对其需求的反应程度小于价格的变动程度。比较来看，行政管理的需求价格弹性最大，社会保障的需求价格弹性最小，这说明在上述这些公共服务中，居民对行政管理的依赖最小，对社会保障的依赖最大。

其次，考察公共服务的需求收入弹性。六个模型估计得到的需求收入弹性都大于 0，除社会保障以外，都可在 1% 的显著性水平上显著。这说明随着居民收入水平的提高，其对公共服务的需求也在增加。根据经济学的一般定义可知，上述这些公共服务都属于正常物品，而不是低档物品。具体而言，居民收入每提高 1%，其对公共服务总体的需求提高 0.3580%，对基本建设的需求提高 0.4950%，对教育的需求提高 0.2808%，对行政管理的需求提高 0.4684%，对社会保障的需求提高 0.5729%，对医疗卫生的需求提高 0.7312%。从该估计结果看，中国居民收入的提高更倾向于增加医疗卫生投入和社会保障投入，这可能是居民缺乏基本生活安全感的一种体现。这种现象，与近几年物价攀升、养老困难、食品安全和环境污染等各种问题存在一定关系。相比而言，教育在中国仍属于更高层次的需求，只有在基本生存生活需求得到保障后才会有动力追求，因此，其需求收入弹性较低。然而，与行政管理这种成本投入相比，居民应该更倾向于教育投入，相反的估计结果可能源于 2007 年统计口径的调整。2007 年的分项财政支出调整了分类方式，取消了行政管理费科目，新增了一般公共服务科目。虽然普遍认为两者都是反映公共服务供给成本，但也存在一定区别。如果分别估计行政管理与一般公共服务这两种科目，其需求收入弹性分别为 0.1631 和 0.3163（见表 6-3 注②）。可以看到，教育的需求收入弹性明显高于行政管理，但又略低于一般公共服务。这说明，虽然都是反映供给成本，但一般公共服务可能比行政管理多了一些低于教育层级的服务内容。

再次，考察公共服务的拥挤系数。从财政支出总额看，公共服务总体的拥挤系数为1.1049，且在1%的显著性水平上显著。这说明现阶段人口数量的增加可以通过降低人均成本的方式提高公共服务总体的供给效用，其供给水平满足并超过了需求，表现出"规模效应"。该结果与中国当前地方政府规模高于最优水平的结论是一致的（见第四章最优政府规模估计结果）。然而，总体供给的"规模效应"并不代表每一项公共服务的供给都表现出"规模效应"，可能存在有些公共服务过剩，而有些不足的结构失衡问题。从上述分析的五类公共服务看，基本建设与医疗卫生的拥挤系数大于0，分别为12.3054和1.6137，而教育、行政管理和社会保障的拥挤系数小于0，分别为 -2.6926、-8.1869 和 -0.7096。由此可见，基本建设与医疗卫生的需求得到了充分的满足，表现出"规模效应"，此时减少供给可以在保持个人效用不变的前提下降低个人所承担成本，因此，应该降低此类公共服务的供给水平。与此相反，教育、行政管理和社会保障的供给远没有满足居民的实际需求，表现出"拥挤效应"，此时增加供给可以有效提高每一个人的净效用（扣除所承担成本后的效用），因此，应该提高此类公共服务的供给水平。

由于研究对象的特殊性，以上估计所得的拥挤系数还有两点需要说明。一是仅从估计值的角度看，行政管理表现出"拥挤效应"，即供给不能满足需求，这与中国公共服务供给成本过高的实际存在明显矛盾（由于该结果在统计上并不显著，因此，这一结论并不一定准确）。这一结果同样与2007年的统计口径调整有关。分别考虑调整前的行政管理与调整后一般公共服务，可以发现两者其实都已供给过剩，其拥挤系数分别为4.2727 和7.1214 ＊＊，都表现出"规模效应"（见表6-3注②）。可见，中国公共服务的供给成本确实过高，其支出水平已经超过了真实需求。尤其是一般公共服务的拥挤系数，不仅大于0，而且可在5%的水平显著。因此，控制公共服务的成本是优化地方政府支出结构的重要内容。二是全国视角的估计结果只是反映了各地区加权平均的整体水平，然而，地域广阔与经济发展不平衡会令公共服务的供需匹配关系在不同地区的表现有所不同。为此，可分别考察东部、中部和西部（或者其他地区划分）的不同情况①。以基本建设和医疗卫生为例，基本建设在东部、中部和西部的拥挤系数分别为 8. 4879**、- 15. 2681*和 - 3. 4765（见表 6 - 3 注①），而医疗卫生在东部、中部和西部的拥挤系数分别为 2. 2474***、9. 5610 和 - 2. 5724（见表 6 - 3 注③），可以看到，东部地区的基本建设供给已经足够充分，但中部和西部地区还远不能满足实际需求。尤其是中部地区，其人口规模与经济发展阶段使其对基本建设的需求更大，因此，其拥挤性也更为严重。就医疗卫生而言，东部地区的医疗卫生供给已经满足了实际需求，但该结果并未考虑非东部地区居民到东部地区就医的实际情况。这一因素的存在，可能导致低估东部地区医疗卫生资源的拥挤性，与高估中部和西部地区的拥挤性。然而，异地就医反映了医疗卫生资源分布的不平衡。可见，不论是因为估计结果显示的东部地区需求得以满足，还是因为资源过度集中于东部地区，都应该适当减少东部地区的医疗卫生供给，转而增加中部和西部地区的供给。就其他拥挤系数而言，由于在统计上并不显著，不再进行过多的讨论与分析。

最后，考察其他控制变量对地方公共服务需求的影响。一是儿童比例的提高会增加教育需求，14 岁及以下人口比例每提高 1 个百分点，教育需求将提高 1. 2%。二是老龄人口比例的提高会增加医疗卫生需求，65 岁及以上人口比例每提高 1 个百分点，医疗卫生需求将提高 1. 48%。三是男性比例的提高会增加教育与医疗卫生的需求，男性比女性的比例每提高 1 个百分点，教育需求将提高 1. 3335%，医疗卫生需求将提高 1. 0338%。这反映出男性对于教育的需求可能更高，以及男性的身体条件可能普遍略差于女性。四是失业率的提高会降低基本建设需求，并增加社会保障需求，失业率每提高 1 个百分点，基本建设需求会下降 2. 56%，同时，社会保障需求会增加 9. 85%。五是人口自然增长率的提高会普遍增加各种公共服务需求，但会降低教育需求，这与教育属于高层次需求可能存在一定关系。六是经济发展水平的提高会普遍增加各种公共服务的需求，人均 GDP 每提高 1%，基本建设、教育、行政管理、社会保障和医疗卫生的需求将分别提高 0. 4218%、1. 2175%、1. 2322%、1. 5003% 和 1. 5344%。七是人口密度的提

---

① 东部：北京、天津、河北、辽宁、上海、江苏、浙江、福建、山东、广东、海南。中部：山西、吉林、黑龙江、安徽、江西、河南、湖北、湖南。西部：内蒙古、广西、四川、重庆、贵州、云南、陕西、甘肃、青海、宁夏、新疆（还有西藏不在该样本之中）。这一划分方法在许多研究中也都有使用（刘荣添和林峰，2005；夏鲁惠，2007）。

高可以通过降低成本的方式减少各种公共服务的投入，人口密度每平方公里增加 100 人，教育、行政管理和医疗卫生的需求将分别降低 6.5244%、5.6527% 和 4.8475%[①]。可以看到，以上这些控制变量的估计结果与理论预期和主观感受，以及许多研究的结论基本一致（王德祥和李建军，2009；Burchell、Lowenstein、Dolphin 和 Galley，2002）。

以上分析主要涉及了五种类型的公共服务，以及公共服务的总体水平，对于个别公共服务还分不同地区进行了讨论，所有这些估计结果均未表现出显著的反差与异常，这足以说明以上研究结论是稳健的，因此，不再专门进行稳健性检验。

第四节　政策含义

在中间投票人定理与 Borcherding 和 Deacon（1972）模型的基础上，本书构建了中国地方公共服务需求的决定模型，该模型为政府财政支出结构优化提供了一个基本的理论模型，其估计结果可以用于考察近几年中国地方公共服务的拥挤程度，为短期内的财政支出结构优化提供经验支持。考察模型的估计结果可知，中国目前的地方政府财政支出结构优化可以从以下三点考虑。

第一，从供需匹配程度看，政府财政支出规模同样高于最优水平，这与第四章视角下的结论是一致的。公共服务总体供给的拥挤系数为 1.1049，且在 1% 的显著性水平上显著。这说明政府财政支出总体已经充分满足了居民需求，缩小财政支出可以在不降低效用的前提下，减少每一个居民所承担的成本。因此，应该从总体上控制政府规模，控制政府财政支出总额。应该注意的是，总额高于最优水平并不代表每一项具体的公共服务支出都高于其最优水平。更可能的情况是，部分公共服务供给过剩，而部分公共服务供给不足。因此，控制支出总额的同时，还要关注支出结构的调整与优化。

[①] 分别考虑行政管理与一般公共服务，其定性结论一致，只是影响大小的定量结果有所不同，由于这并非本书关注的焦点，就不在此一一列出。

第二，从全国平均水平看，短期下，应该重点控制基本建设投入和公共服务成本支出，适当控制医疗卫生投入，增加教育投入和社会保障投入。首先，基本建设的拥挤系数高达 12. 3054，公共服务成本支出的拥挤系数达到 4. 2727（行政管理费）和 7. 1214（一般公共服务）。可见，其供给早已满足居民的真实需求，过剩的供给并不会提高相应的居民效用或经济绩效，其本质是对公共资源的一种浪费。因此，应该控制这些投入，将其转入其他供给不足的公共服务之中。其次，医疗卫生的拥挤系数为 1. 6137，虽也表现出需求得以满足的规模效应，但其程度明显低于上述两者。不仅如此，由于医疗卫生的特殊性，可预期其需求会随着社会经济的发展而不断提高。因此，短期下可适当控制，但长期下要做好不断扩大供给的准备。最后，教育和社会保障存在拥挤现象，其拥挤系数分别为 − 2. 6926 和 − 0. 7096。这说明教育投入和社会保障投入还不能满足居民需求。世界银行终身经济学家邹恒甫（2013）曾指出，教育、社会保障和医疗卫生支出都应该占到总财政支出的 1/6，若按财政收入占国内生产总值 30% 计算，应该达到国内生产总值的 5%[1]。然而，2011 年的财政性教育支出占财政支出总额的15. 1%，只占国内生产总值的 3. 49%[2]，2011 年的财政性社会保障支出只占财政支出总额的 10. 17%，占国内生产总值的 2. 35%。可见，两者距离该长期目标还存在一定差距。因此，短期下应该逐步提高教育与社会保障投入，同时长期下还应做足进一步扩大供给的准备。

第三，优化财政支出结构需要考虑地区特征差异。全国角度的估计结果只是反映了全国整体的平均情况。然而，由于我国地域广阔，经济发展很不平衡，比如北京 2011 年的人均 GDP 已经达到了 81658 元，而同期新疆的人均 GDP 不足北京的一半，只有 30087 元，因此，居民对公共服务需求也存在显著差异。就基本建设而言，东部沿海地区相对发达，其基本建设已经比较完善（拥挤系数大于 0），但中部和西部地区的基本建设还明显不足（拥挤系数小于 0），因此，在整体控制的同时，还应该将基本建设投入

---

[1] 医疗卫生投入占总财政支出的 1/6 是长期目标，这与短期下的适当控制并不矛盾。上述结论是在当前经济条件下得出，随着经济条件的改变，居民对医疗卫生的需求提高，拥挤性就会提高，优化对策也应随之调整。

[2] 财政部发布的 2012 年中央财政支持教育发展情况报告指出，2012 年，全国财政性教育经费支出达 2. 2 万亿元，如期实现教育规划纲要提出的国家财政性教育经费支出占国内生产总值比例达 4% 的目标。

的重点转移到中部和西部地区。就医疗卫生而言，东部沿海地区集中了大量的优质资源（拥挤系数大于 0），而西部地区的医疗卫生资源不论从数量上还是质量上都明显不足（拥挤系数小于 0 但不显著），因此，整体适当控制的同时，还应考虑加大西部地区的医疗卫生投入。

第七章 中国地方政府规模优化：
政府规模的影响因素分析

政府的人员规模与支出规模等都是政府规模的外显因素，针对这些因素的直接调整不会改变均衡条件下的政府规模，因而难以形成对政府规模的长期调整。因此，只有调整政府规模的影响因素，进而改变其均衡状态，才能使政府规模向新的均衡状态不断调整，并保证这种调整的长期稳定。接下来，本书从政府规模内生性的角度分析影响政府规模的相关因素。

第一节 政府规模内生性

政府规模的影响因素同样是学界研究的焦点。现有研究多集中于中央与地方的财政分权的程度，中央转移支付的力度、用途与结构，经济对外开放程度等。但是，很少有研究关注政府规模的内生性特征，即政府规模并非完全外生给定。因此，政府规模的历史变动同样会影响当前的政府规模。即使从年度的角度看，政府规模的变迁也应该是一个连续的变化过程，基本不会呈现出跳跃性的波动现象。当内生性存在时，忽略政府规模的历史就会导致模型估计结果的有偏。那么，政府规模是否受到历史的影响，是否具有内生性特征呢？对此，简单的猜测是不够的，因此，先从政府财政收入与财政支出之间的因果关系来检验政府规模的内生性假设。

一、因果关系视角的检验

检验政府规模是否具有内生性特点的方法有很多，最直接的方法是估计当期政府规模与前一期或者前几期政府规模是否存在显著的相关性。但是，这种方法的模型设置相对随意，没有充分的理由说明应该将哪些变量放置其中。为了确保模型设置的合理，可从财政收入与支出之间的因果关系进行检验。这一方法的可行性源于对年底"突击花钱"现象的考虑。出现年底"突击花钱"的现象，其主要原因之一是，如果不花光当年的预算，那么在争取明年的预算时，就可能失去"叫价"的权利。这一点至少说明两个问题：一是尽量花完预算的现象使得当年的支出与当年的预算收入密切相关；二是争取下一年预算的现象使得下一年的预算收入与当年的支出密切相关。如果这两点确实存在，就说明当年的财政收入与支出同历史的财政收入与支出密切相关，也就可以证明政府规模具有内生性特征。

检验政府财政收入与支出之间的因果关系，所涉及的变量并不多，主要就是政府的财政收入与支出。然而，衡量财政收入与支出的指标却有不少，最基本的就有预算指标与决算指标两类。由于预算数据是对当年收入或支出的一种预期，更能反映地方政府的收入或支出意愿，同时考虑到预算数据与决算数据之间的高度相关性。因此，主要使用预算指标进行检验。因为分税制改革以后，中央政府对地方政府的净转移支付（转移支付减去上解中央支出）占地方政府最终收入的比重可能很高，所以净转移支付的多少也是影响地方财政收入与支出的关键。综合考虑以上这些原因，使用两个指标反映财政收入情况，即预算收入 Rev 和预算收入加净转移支付 RevTr，并使用预算支出 Exp 反映财政支出情况。还有一点就是控制变量，根据多数相关研究的处理方法，将地区 GDP 作为该检验的控制变量（Baghestani 和 McNown，1994；Ross 和 Payne，1998；George、Green 和 Jeong，1986；Anderson、Wallace 和 Warner，1986）

待检验的样本空间为面板数据结构，包括 29 个省、直辖市、自治区（由于数据缺失与异质性不包括重庆和西藏）1995～2011 年的数据。其中，财政相关数据全部来自历年的《中国财政年鉴》[①]，地区 GDP 数据来自国家统计局的在线数据库[②]。当然，与财政相关的数据其来源十分丰富，而且多数都含有 1952 年的数据。那么，在这里只使用 1995 年以后的数据，并且选

---

① 2006 年北京的本级预算支出合计在年鉴中为 1094437 万元，这其实是基本建设支出，应该是印刷错误。通过加总计算得到的预算支出合计为 13614069 万元。

② http：//219.235.129.58/welcome.do.

择《中国财政年鉴》作为数据来源，主要是考虑到以下三方面原因：一是虽然《新中国六十年统计资料汇编》中统计了从 1952 年开始的一般预算收入与一般预算支出数据，但是将其与《中国财政年鉴》对比后可以发现，这些数据实际为决算数据，不太符合前面预设的研究要求；二是只有《中国财政年鉴》中统计了中央转移支付与地方上解中央支出，那么，从该年鉴获取其他数据可以保证数据来源的一致性；三是中国的财政体制在分税制前后具有显著差异，只分析 1995 年以后的数据具有一定的针对性和一致性。虽然从因果检验的角度看，较短的时序可能不利于检验，但是，面板结构可以通过增加样本量的方式进行一定程度的修正。

二、检验结果

待检验的数据结构为面板数据，每一个体都有 17 期的观察值，虽然时序并不算长，但是为了避免伪回归的问题，先对数据的平稳性进行检验。根据检验统计量特点，主要利用 Fisher – PP（Pesaran，2007）、LLC（Levin、Lin 和 James Chu，2002）和 IPS（Im、Pesaran 和 Shin，2003）三种统计量来检验面板单位根，结果如表 7 – 1 所示。

表 7 – 1　财政预算收入与支出的面板单位根检验

	Fisher – PP		LLC		IPS	
	No Trend	Trend	No Trend	Trend	No Trend	Trend
Rev	5.629	27.881	2.302	− 8.431	10.907	2.801
ΔRev	266.761***	207.318***	− 13.192***	− 15.946***	− 5.085***	− 2.830***
RevTr	2.919	74.766*	1.282	− 12.372***	9.264	− 0.545
ΔRevTr	413.530***	302.331***	− 17.979***	− 19.778***	− 8.818***	− 5.673***
Exp	5.499	66.631	2.434	− 12.587***	10.524	− 0.581
ΔExp	410.162***	349.636***	− 17.197***	− 18.675***	− 8.111***	− 4.713***
GDP	21.259	24.450	1.149	− 11.905	9.994	− 1.342*
ΔGDP	157.730***	155.137***	− 13.105***	− 16.276***	− 4.952***	− 4.582***

注：滞后阶数为1。

从表 7 - 1 的检验结果可以看到，就原始序列而言，只有包含趋势项的 LLC 检验的部分结果拒绝了存在相同单位根的原假设，而 Fisher - PP 检验和 IPS 检验，不论是否包括趋势项，都不能拒绝存在单位根的原假设。因此，四个变量的原始序列都是非平稳的。就差分序列而言，三种统计量的检验结果基本一致，不论是否包含趋势项，几乎都可以拒绝存在单位根的原假设，这说明四个变量的差分序列都是平稳的。因此，使用差分序列分析财政收入与支出之间的关系，检验政府规模的内生性。

$$\Delta Rev_{it} = \_const + \beta_1 \Delta Rev_{it-1} + \beta_2 \Delta Rev_{it-2} + \beta_3 \Delta Exp_{it} + \beta_4 \Delta Exp_{it-1}$$
$$+ \beta_5 \Delta Exp_{it-2} + \beta_6 \Delta GDP_{it} + \beta_7 \Delta GDP_{it-1} + \beta_8 \Delta GDP_{it-2} \qquad (7-1)$$

$$\Delta Exp_{it} = \_const + \beta_1 \Delta Exp_{it-1} + \beta_2 \Delta Exp_{it-2} + \beta_3 \Delta Rev_{it} + \beta_4 \Delta Rev_{it-1}$$
$$+ \beta_5 \Delta Rev_{it-2} + \beta_6 \Delta GDP_{it} + \beta_7 \Delta GDP_{it-1} + \beta_8 \Delta GDP_{it-2} \qquad (7-2)$$

由于需要进行 Granger 因果检验，因此，模型可以借用 VAR 模型的设置形式，即将所有变量及其滞后期放入回归方程，具体形式如模型 (7 - 1) 和模型 (7 - 2) 所示。VAR 模型的估计应当考虑所有方程之间的联立关系，使用面板 VAR 方式估计模型。但是，考虑到内生性检验并不重点关注各个方程之间的联立关系，以及面板 VAR 的估计方法还没有较为统一的结论 (Love 和 Zicchino（2006）提供了一个面板 VAR 的估计程序)，因此，分别估计这两个方程。在估计方法上，由于模型中包含因变量的滞后期，并且其他变量也很可能与干扰项相关，这些都不符合最小二乘法 (OLS) 的基本假设，因此，只能使用系统广义矩估计法进行估计[①]。系统广义矩估计法还存在变量类别的设置问题，由于地方政府的财政收支与 GDP 之间可能存在着相互影响的关系，因此，将所有变量都设置为内生变量。估计结果如表 7 - 2 所示。

表 7 - 2　政府规模内生性的检验结果

	ΔRev	ΔRevTr	ΔExp	ΔExp
ΔRev			0.1735 *** (0.0421)	

---

① 此处只为检验政府规模内生假设的合理性，因此，不对系统广义矩估计法做过多的说明，具体见第七章第二节的估计方法。

续表

	ΔRev	ΔRevTr	ΔExp	ΔExp
L1.	-0.1730*** (0.0549)		0.3713*** (0.0458)	
L2.	-0.0364 (0.0437)		-0.0064 (0.0425)	
ΔRevTr				0.7516*** (0.0514)
L1.		-0.4252*** (0.0764)		0.5169*** (0.0567)
L2.		-0.2216*** (0.0620)		0.1534*** (0.0548)
ΔExp	0.1985*** (0.0484)	0.8295*** (0.0471)		
L1.	0.0780 (0.0537)	0.3131*** (0.0630)	-0.1772*** (0.0372)	-0.4123*** (0.0522)
L2.	-0.0593 (0.0497)	0.2097*** (0.0559)	-0.1532*** (0.0458)	-0.1740*** (0.0548)
ΔGDP	0.9929** (0.4505)	-0.1886 (0.1614)	0.1021 (0.1166)	0.2584*** (0.0583)
L1.	1.2447* (0.6416)	0.3865*** (0.1206)	-0.5049*** (0.1125)	-0.2623*** (0.0932)
L2.	0.2743 (0.3316)	0.0051 (0.0701)	0.0738 (0.1975)	0.0997 (0.0888)
_const	-0.1332*** (0.0314)	0.0263 (0.0160)	0.1756*** (0.0291)	0.0168 (0.0162)
N	406	406	406	406
Sargan	26.1764	28.581	28.186	27.744
AR（1）	-2.653***	-2.665***	-4.103***	-3.632***
AR（2）	0.126	0.950	-0.626	-1.168

注：圆括号内为稳健型（Robust）标准误。*代表 $p<0.1$，** 代表 $p<0.05$，*** 代表 $p<0.01$。

首先，Sargan 检验与 Arellano - Bond 检验说明模型不存在过度识别与二阶的序列相关的问题，即模型设置和工具变量选择是合理的。

其次，从财政收入的影响方程看（第一列与第二列结果），不管使用预算收入来衡量，还是使用附加了净转移支付的预算收入来衡量，当期的财政支出，以及滞后一期或两期的财政收支，都对当期的财政收入存在显著影响。对比两种不同的衡量指标可知，第二列结果的显著性水平更高，而且更好地反映了历史支出额度的提高有助于地方政府争取到更多的中央转移支付，从而增加本级财政收入这一现象。因此，尽量完成当年的预算支出，或者超额完成当年的预算支出，有助于在下一年通过更多的中央转移支付争取更多的预算收入，否则下一年的预算收入就有可能遭到削减。然而，财政收入与其滞后期的估计结果显著为负，说明如果当年获得了更多财政收入（比如通过争取更多的中央转移支付），那么下一年的财政收入就会降低，其原因可能是中央转移支付不可能总是大幅度的提高。可见，当年的财政收入受到正反两方面的影响，最终的结果如何还需要进一步的分析。

再次，从财政支出的影响方程看（第三列与第四列结果），不管使用哪一种指标来衡量财政收入，当期的财政收入对当期的财政支出都具有显著的正影响，这一结果正好反映了年底"突击花钱"，尽量花完预算，甚至超额完成预算这一现象。从附加了净转移支付的估计结果看，滞后一期与滞后两期的预算收入同样对当期的财政支出具有显著的正影响，这就进一步说明了年底"突击花钱"的现象逐步推高了财政支出。与财政收入的影响方程类似，滞后一期和两期的财政支出对当期的财政支出具有显著的负影响。因此，最终的整体影响如何也需要进一步的分析。

最后，借鉴 Granger（1980）因果检验的方法还可以对财政收入与支出之间的相关性做出统计上的推断。从自变量滞后期的联合显著性看，滞后期的财政收入有助于解释当期的财政支出，滞后期的财政支出也有助于解释当期的财政收入，即四个方程的联合显著性都可在1%的水平上显著（统计量不是重点，未列出）。应当说，模型的估计系数并不是重点，不管过去的财政收支对当期的影响是正还是负，这种影响的存在都是不可否认的。

通过以上结论可知，政府规模具有内生性特征，其当前情况会受到历史情况的影响，因此，在构建政府规模影响因素模型时应该包含政府规模自身的滞后项。

第二节 政府规模内生情况下的影响因素模型

分析政府规模内生情况下的影响因素，需要注意三个问题：首先，模型的建构是一个关键问题，虽然可以将政府规模的滞后期直接加入现有研究的分析模型之中，但这种做法显然不够严谨，缺少必要的理论基础；其次，模型的估计涉及不少数据，这些数据的来源与处理也是影响分析结果的关键；最后，估计方法的选择也是保障无偏估计结果的关键。因此，接下来从这三个方面分析政府规模内生情况下影响因素。

一、模型设置

当估计模型中包含有因变量的滞后期时，模型的估计就体现出因变量的动态调整过程，从而反映了因变量当期与滞后期的关系。就政府规模而言，就是反映了政府规模的动态调整过程，反映了政府规模在调整过程中的路径依赖特征。因此，可借鉴上市公司资本结构动态调整的处理方式设置模型（连玉君和钟经樊，2007）。其基本思想是，假设地方政府规模会以某一特定的目标规模为准不断调整。具体的模型建构过程如下。

地方政府官员在调整政府规模时，总会考虑各种各样的因素，从而形成一个潜在的预期目标。因此，可假设地方政府规模的调整存在着一个目标规模水平。当然，该目标规模水平并非长期不变，它也是受到多种因素的共同影响，也会随着相关因素的变化而不断地调整。当上一期政府规模与其目标规模之间存在一定的差距时，当期政府规模就会根据这一差距的大小做出一个相应的调整。具体来说，可用如下关系表示：

$$S_{it} - S_{it-1} = \alpha(S_{it}^* - S_{it-1}) \tag{7-3}$$

公式（7-3）中，下标 i 表示不同的个体（本模型中为不同的地区），下标 t 表示时间，S_{it} 表示地区 i 在 t 年时的政府规模，S_{it}^* 表示地区 i 在 t 年时的目标规模水平。参数 $\alpha \in [0, 1]$ 是政府规模的调整系数。整个关系说明，与上一期相比，当期政府规模的调整大小，取决于上一期的政府规模与当期目标规模水平之间的差距，并以速度 α 进行调整。当 $\alpha = 1$ 时，当期政府规模的调整大小就等于上期政府规模与目标规模之间的差距，即一次调整就可达到目标水平。当 $\alpha = 0$ 时，当期的政府规模不根据目标规模做出任何调整（目标规模不影响政府规模的调整），只取决于其他影响因素，此时的政府规模实质上就由其他影响因素决定。当 $0 < \alpha < 1$ 时，政府规模只做出部分调整，如果上一期政府规模小于当期的目标规模，就会按照调整系数 α 调高当期的政府规模，即 $S_{it}^* - S_{it-1} > 0$；如果上一期的政府规模大于当期目标规模，就会按照调整系数 α 调低当期的政府规模，即 $S_{it}^* - S_{it-1} < 0$。对公式（7-3）做一个调整就可得到如下关系：

$$S_{it} = (1 - \alpha)S_{it-1} + \alpha S_{it}^* \qquad (7-4)$$

从式（7-4）可以看到，当期的政府规模依赖于上一期的政府规模，是根据上一期政府规模做出的动态调整。在式（7-4）中，当期的目标规模水平 S_{it}^* 还是一个未知变量。由于地方政府的目标规模水平是潜在的且难以观测的，因此，只能从影响这一目标水平的相关因素进行推测。本书从横向与纵向两个层面考虑目标规模水平的设定。从横向的角度看，地方政府有可能不愿意充当政府规模最大的地区，同时为了追求自身效用，也不会积极追求政府规模最小化，因此，更可能的是倾向于靠近全国的平均水平。从纵向的角度看，每个地区的目标规模也有可能与过去多年的平均规模相关。基于横纵这两个层面的考虑，设置两种目标规模。就横向而言，将目标水平设定为地方政府规模的历史平均水平（本书考虑三期滞后项）与其他相关因素的一个线性加权平均①，具体形式如下：

$$S_{it}^* = \sum_{n=1}^{3} \beta_n \langle S_{t-n} \rangle + \mathbf{BX} \qquad (7-5)$$

其中，$\langle S_{t-n} \rangle = N^{-1} \sum_{k}^{N} S_{kt-n}$ 是 $t-n$ 期时（N 为地区数），所有地方政府规模的算术平均，$\mathbf{X}$ 为其他影响目标规模的因素及控制变量所组成的向量，$\mathbf{B}$ 为这一向量的系数向量。对于纵向的考虑，将目标水平设定为年度虚拟变量与其他相关因素的一个加权平均，具体形式如下：

$$S_{it}^* = \sum_{t} \beta_t D_t + \mathbf{BX} \qquad (7-6)$$

其中，D_t 为年度虚拟变量，$\mathbf{BX}$ 的意义与上面相同。

---

① 三期或者更高阶的平均水平滞后项，其结果在统计上大都不显著，而且可能导致稳健性标准误推断的斜方差矩阵是奇异的，因此，只考虑三期滞后。

根据现有的大量文献，其他影响因素与控制变量 **X** 主要选择财政分权程度、中央转移支付力度、经济对外开放程度、城市化水平和人口密度[①]。将这些因素代入式（7-5）与式（7-6）中，然后与式（7-4）合并，并改写待估计系数，可以得到如下两个回归模型：

$$S_{it} = \_ \; const + \beta_0 S_{it-1} + \sum_{n=1}^{3} \beta_n < S_{t-n} > + \beta_4 Dec_{it} + \beta_5 Trans_{it} + \beta_6 Open_{it-1}$$
$$+ \beta_7 City_{it-1} + \beta_8 Density_{it} + a_i + \varepsilon_{it} \tag{7-7}$$

$$S_{it} = \_ \; const + \beta_0 S_{it-1} + \sum_{t} \beta_t D_t + \beta_4 Dec_{it} + \beta_5 Trans_{it} + \beta_6 Open_{it-1}$$
$$+ \beta_7 City_{it-1} + \beta_8 Density_{it} + a_i + \varepsilon_{it} \tag{7-8}$$

模型（7-7）与模型（7-8）中，$\sum_{n=1}^{3} \beta_n < S_{t-n} >$ 是前三期各地方政府平均规模的线性组合，$\sum_{t} \beta_t D_t$ 为年度虚拟变量的线性组合，Dec_{it} 为当期财政分权的程度，$Trans_{it}$ 为当期中央转移支付的力度，$Open_{it-1}$ 为上一期的对外开放程度，$City_{it-1}$ 为上一期的城市化水平，$Density_{it}$ 为当期的人口密度，a_i 为个体效应（根据不同的假设可以设置为固定效应或随机效应），ε_i 为随机干扰项。

二、数据来源

与前面检验内生性的样本一样，待估计的样本空间也是 29 个地区 1995～2011 年的面板数据。在假设一的前提下，政府规模 S_{it} 可用地方政府财政收入与支出占地区 GDP 的比重来衡量。其中，地方政府财政收入使用决算收入、预算外收入，以及净转移支付这三个部分的加总，这是因为有些地区的净转移支付甚至比本地区的决算收入还要高，是该地区最终财政收入的重要组成部分。而财政支出使用本地区的决算支出与预算外支出之和。以上财政相关数据均来自历年的《中国财政年鉴》，而地区生产总值来

---

① 涉及的相关文献有：财政分权程度（孙琳和潘春阳，2009；孙群力，2008；王文剑，2010；Zhu 和 Krug，2005）、中央转移支付（范子英和张军，2010）、对外开放的程度（杨灿明和孙群力，2008；Alesina 和 Wacziarg，1998；Rodrik，1998；Molana、Montagna 和 Violato，2004；Garen 和 Trask，2005），以及城市化水平（范子英和张军，2010；孙琳和潘春阳，2009）。

自国家统计局的在线数据库①。为了区分不同的政府规模指标，用 SR 表示从财政收入角度衡量的地方政府规模，用 SE 表示从财政支出角度衡量的地方政府财规模。同时，用 SRAve 表示各个地方政府财政收入规模的算术平均，用 SEAve 表示各个地方政府财政支出规模的算术平均。

　　研究财政分权对政府规模影响的文献十分丰富，各种研究所使用的财政分权指标也有所不同。Zhang 和 Zou（1998）使用了六个指标来衡量中国的财政分权程度：①预算内外地方财政支出与预算内外中央财政支出的比值；②人均预算内外地方财政支出与人均预算内外中央财政支出的比值；③预算内地方财政支出与预算内中央财政支出的比值；④人均预算内地方财政支出与人均预算内中央财政支出的比值；⑤预算外地方财政支出与预算外中央财政支出的比值；⑥人均预算外地方财政支出与人均预算外中央财政支出的比值。不难发现，六个指标并没有从财政收入角度衡量财政分权，这是因为 Zhang 和 Zou（1998）认为由于地方政府缺少税收立法权，因而无法从收入角度衡量中国的财政分权。孙琳和潘春阳（2009）也有类似的看法，他们指出地方政府只拥有部分税种的征收和减免权，因此，中国实际上只是支出上的分权。当然，也有一些研究指出了这种不完全的收入分权在中国的重要意义，并在研究中考虑了三个收入分权指标，包括地方自有收入与全国总收入的比值、地方自有收入与地方总收入的比值，以及人均地方自有收入与人均中央收入的比值（王文剑，2010）。在各种分权指标中，使用较多的一个指标是地方政府预算内人均财政支出占中央预算内人均财政支出的比重，即分权程度 = 各省预算内人均财政支出 ÷ 中央预算内人均财政支出（傅勇，2010；傅勇和张晏，2007；张晏和龚六堂，2005）。综合以上分析，本书从收入与支出两个角度衡量财政分权，并采用人均地方政府决算收入与支出占人均中央决算收入与支出的比重来衡量，即：

$$DecR_{it} = \frac{地方政府决算收入 / 本地区年末总人口}{中央政府决算收入 / 全国年末总人口}$$

$$DecR_{it} = \frac{地方政府决算支出 / 本地区年末总人口}{中央政府决算支出 / 全国年末总人口}$$

　　其中，地方政府决算收入与支出的人均值由地区年末总人口决定，中

---

① http：//219.235.129.58/welcome.do.

央政府决算收入与支出的人均值由全国年末总人口决定。人口数据都来自国家统计局在线数据库。财政收支决算相关数据均来自历年的《中国财政年鉴》①。

中央转移支付数据来自历年的《中国财政年鉴》②。为了反映中央转移支付的相对力度，使用转移支付占地区 GDP 的比重来衡量。

对外开放程度用地区进出口贸易总额占地区 GDP 的比重来衡量。其中，2008 年及以前的数据来自《新中国六十年统计资料汇编》③，2008 年以后的数据来自历年的《中国统计年鉴》。

城市化水平通常使用城市人口占地区总人口的比重来衡量。其中城市人口数据的选择相对困难。虽然，《新中国六十年统计资料汇编》与《中国统计年鉴》在统计人口数据时是按城乡进行划分的，但是数据质量上不仅有缺失现象，而且统计口径经常变动，有些是按户籍人口统计，有些是按常住人口统计，从而导致计算得到的城市化水平存在较多的异常值。为了确保统计口径的一致，选择乡村人口数据核算城市化水平。其中，2008 年及以前的数据来自《改革开放三十年农业统计资料汇编》，2008 年以后的数据来自《中国农业年鉴》④。

人口密度使用地区的年末总人口与该地区的全部面积之比。年末总人口来自国家统计局的在线数据库。地区面积来自各地区的统计年鉴。

三、估计方法

待估计模型（7-7）与模型（7-8）中包含有因变量的滞后一期，该变量使得干扰项的条件期望不等于零，因此，OLS 估计的基本假设无法满足。此时，如果使用 OLS 估计方法，或者使用基于 OLS 的其他估计方法，比如静态面板中的固定效应与随机效应，都将无法得到无偏估计量。其实，最小二

---

① 2002 年上海本级财政决算收入合计年鉴上为 708918 万元，比前后几年小了一个数量级，通过核算应为 7089518 万元。

② 2003 年广东的中央补助收入年鉴上为 44333356 万元，比前后几年大了一个数量级，通过核算应为 4433356 万元。

③《新中国六十年统计资料汇编》中，广东的进出口总额单位是万美元，单位与实际明显不符，经比较应当是亿美元。

④ 2010 年和 2011 年的数据通过历史增长率的几何平均值估算，少量的估算数据不会显著影响最终结论。

乘法对估计方程的假设过于严格，就自变量而言，OLS 估计假设所有自变量都是严格外生的，即这些变量与干扰项不相关，或者说其条件期望为 0。然而，自变量与干扰项相关的问题普遍存在，根据其特点不同，可将其划分为先决变量（Predetermined）与内生变量（Endogenous）两种，其特点如下。

$$Y_{it} = C + \beta N_{it} + \beta_2 X_{it} + \beta_3 P_{it} + a_i + \varepsilon_{it} \qquad (7-9)$$

如式（7-9）所示，将回归变量分为了三类，其中 X_{it} 是满足 OLS 基本假设的外生变量，所有期的干扰项与 X 都不相关，即满足 $E[\varepsilon_{it} | X_{i1} \cdots X_{iT}] = 0$。$P_{it}$ 表示先决变量，先决变量是指该变量的当期和前期同干扰项的当期不相关，但该变量的后期可能与干扰项的当期相关，或者说当前出现的一个冲击不会影响该变量当期或前期的取值，但会影响其以后的取值，即满足 $E[\varepsilon_{it} | P_{i1} \cdots P_{it}] = 0$ 且 $E[\varepsilon_{it} | P_{it+1} \cdots P_{iT}] \neq 0$。$N_{it}$ 表示内生变量，其典型形式为因变量的滞后一期，即 Y_{it-1}。内生变量是指该变量的前期同干扰项的当期不相关，但该变量的当期及后期与干扰项的当期相关，或者说当前出现的一个冲击就会直接影响该变量的当期及以后期的取值，即满足 $E[\varepsilon_{it} | N_{i1} \cdots N_{it-1}] = 0$ 且 $E[\varepsilon_{it} | N_{it} \cdots N_{iT}] \neq 0$。

就面板数据而言，当回归方程中存在 Y_{it-1} 这种典型的内生变量时，原来的随机效应方法、一阶差分方式的固定效应方法，以及组内去心方式的固定效应方法都无法得到无偏估计结果。

（1）随机效应：此时个体效应 a_i 需要合并到一般干扰项 ε_i 之中，由于 Y_{it} 与个体效应 a_i 相关，且 a_i 不随时间变化，因此，Y_{it-1} 也与个体效应 a_i 相关，并导致其与干扰项相关。

（2）一阶差分方式的固定效应：自变量 Y_{it-1} 的一阶差分量为 $D. Y_{it-1} = Y_{it-1} - Y_{it-2}$，干扰项的一阶差分量为 $D. \varepsilon_i = \varepsilon_i - \varepsilon_{i-1}$，因为 Y_{it-1} 与 ε_{i-1} 必然相关，所以分别包含两者的 $D. Y_{it-1}$ 与 $D. \varepsilon_i$ 也是相关的。

（3）组内去心方式的固定效应：自变量 Y_{it-1} 的组内去心是用 Y_{it-1} 减去个体 i 在所有时间上的平均，因此，组内去心后的变量必定与 Y_{it-1} 相关。同样，干扰项 ε_i 的组内去心就必然与 ε_{i-1} 相关。又因为 Y_{it-1} 与 ε_{i-1} 必然相关，所以分别包含两者的组内去心变量也必然具有相关性。

由此可知，只要自变量中存在有因变量的滞后一期，基于 OLS 的估计方法就无法满足自变量与干扰项不相关的基本假设。解决该问题的基本思路是引入合理的工具变量 Z_{it}，使得工具变量与因变量的滞后一期相关，即 $Corr(Y_{it-1}, Z_{it}) \neq 0$，同时令工具变量与干扰项之间不相关，即 $Corr(\varepsilon_i,$

Z_{it}）＝0。通过引入合理的工具变量，就可以令回归方程满足 OLS 估计的基本假设，从而可以有效地反映因变量的滞后一期与因变量之间的因果关系。那么，哪些是与滞后一期的因变量相关，又不与干扰项相关的变量呢？可见，关键问题在于如何选择合理的工具变量 Z_{it}。Arellano 和 Bond（1991）认为，对于经过一阶差分后的差分方程，可以利用自变量水平值的滞后项作为差分项的工具变量，并通过广义矩估计方法（GMM）估计方程，即一阶差分广义矩估计法。但是，这种处理方法在解决内生性变量时会产生弱工具变量的问题，即 Corr（X，Z）过低。对此，Arellano 和 Bover（1995）以及 Blundell 和 Bond（1998）进一步指出，可以通过引入水平方程，并用差分变量的滞后项作为水平值的工具变量，从而提高模型的估计效率，即系统广义矩估计法[①]。因此，在接下来的模型估计中，使用系统广义矩估计法估计模型。

四、实证检验

首先对主要变量进行单位根的检验。由于 LLC 和 IPS 一个是检验相同单位根，一个是检验不同单位根，而且两者更多地考虑了面板特征，因此，使用这两个统计量检验主要变量是否存在单位根，结果如表 7－3 所示。

表 7 − 3　政府规模内生性影响因素模型中相关变量的单位根检验

	LLC		IPS	
	No Trend	Trend	No Trend	Trend
SR	− 5. 114 **	− 12. 925 ***	1. 298	− 2. 115 **
SE	− 5. 690 ***	− 15. 277 ***	2. 030	− 2. 394 ***
DecR	− 9. 485 ***	− 2. 697	− 2. 017 **	6. 932
DecE	0. 590	− 9. 392 ***	− 1. 692 *	− 2. 729 ***
Trans	− 2. 343	− 13. 110 ***	1. 276	− 3. 386 ***
Open	− 7. 119	− 9. 759 **	− 2. 546 ***	− 1. 501 *
City	− 5. 259 **	− 7. 296	1. 076	2. 547

注：* 代表 p < 0.1，** 代表 p < 0.05，*** 代表 p < 0.01。LLC 检验的滞后参数为1，IPS 检验的滞后参数为3。

[①] 相关的数据证明并非本书的重点，具体的证明过程可以查看 Arellano、Blundell、Bond 和 Bover 的相关文献，就不在此一一赘述了。

从表 7-3 的检验结果可以看到，除了城市化水平 City 只能在不包含趋势项的 LLC 检验中拒绝原假设，其他的所有变量均可在其中一种情况下既拒绝存在相同单位根的原假设，又拒绝存在不同单位根的原假设。因此，可以认为这些变量是平稳的，可以采用水平值估计模型①。

为了减少不必要的尝试，在估计之前，先对模型中自变量的类型做出如下假设②。因为 $\langle S_{t-n}\rangle = N^{-1}\sum_{k}^{N} S_{kt-n}$ 包含有因量变的滞后一期，所以是典型的内生变量。财政分权 Dec 和中央转移支付的相对力度 Trans 都与财政相关，那么，当期的一个冲击通常会影响其随后的取值，甚至有可能直接影响当期的取值，因此，考虑先决变量与内生变量两种情况。虽然对外开放水平 Open 和城市化程度 City 通常不会受到当期冲击的影响，但其随后的取值可能受到影响，又由于两个变量均以滞后一期的形式进入方程，因此，将其设置为内生变量更为合适。Density 取决于地区的面积和年末人口，应该与干扰项不相关，因此，设置其为外生变量。模型（7-7）估计的结果如表 7-4 与表 7-5 所示。

表 7-4　以各地方政府收入规模的算术平均为目标规模的估计结果

	SR	SR	SR	SR
L. SR	0.1552 *** (0.0569)	0.1473 *** (0.0516)	0.1465 *** (0.0557)	0.1392 *** (0.0478)
L1. SRAve	0.1211 ** (0.0567)	0.0984 * (0.0568)	0.1236 ** (0.0586)	0.0987 * (0.0563)
L2. SRAve	-0.1503 *** (0.0349)	-0.1892 *** (0.0379)	-0.1514 *** (0.0340)	-0.1967 *** (0.0378)

① 仍然需要指出的是，现有统计量的渐进性假设普遍要求时序足够长，但本书的样本只有 17 期的观测值，很小于个体数 N。因此，这一检验结果仅可作为一种参考。其实，这种短时序的面板数据不用过于关注单位根和伪回归的问题，而应更多地考虑截面特征，因为其时序特征并不如截面特征明显。

② 动态面板模型的估计有许多设置，经过组合以后，可以得到估计结果，书中列出的各种估计结果，其假设更为符合理论与实际，而且也满足各种统计检验。其他各种不符合基本假设的估计结果没有全部列出的必要。

续表

	SR	SR	SR	SR
L3. SRAve	−0.1204 **	−0.1243 ***	−0.1155 **	−0.1235 ***
	(0.0486)	(0.0466)	(0.0496)	(0.0473)
DecR	0.3762		0.4513	
	(0.2796)		(0.3172)	
DecE		0.1739 **		0.2006 **
		(0.0711)		(0.0811)
Trans	0.9602 ***	0.9485 ***	0.9697 ***	0.9539 ***
	(0.0427)	(0.0467)	(0.0426)	(0.0467)
L1. Open	0.1996 ***	0.1923 ***	0.1827 ***	0.1810 ***
	(0.0621)	(0.0552)	(0.0645)	(0.0569)
L1. City	0.0097	−0.0008	0.0020	−0.0061
	(0.0167)	(0.0138)	(0.0151)	(0.0140)
Density	5.6594	8.7580 *	7.7688 *	10.9505 **
	(3.9748)	(5.0556)	(4.1652)	(5.5364)
_ const	8.5954 ***	10.0393 ***	8.7121 ***	10.2855 ***
	(1.0194)	(0.8825)	(0.9660)	(0.8862)
N	406	406	406	406
Sargan	25.4953	26.2896	25.4505	26.2833
AR (1)	−3.6295 ***	−3.4821 ***	−3.5281 ***	−3.4719
AR (2)	0.8249	0.9547	0.8625	0.9949

注：＊代表 p < 0.1，＊＊代表 p < 0.05，＊＊＊代表 p < 0.01。第一列与第二列的结果中 DecR 和 DecE
为先决变量（predetermined），第三列与第四列的结果中 DecR 和 DecE 为内生变量（endoge-
nous），括号中标注的是稳健型标准误。

表7-5　以各地方政府支出规模的算术平均为目标规模的估计结果

	SE	SE	SE	SE
L. SE	0.3244 ***	0.2953 ***	0.3174 ***	0.3009 ***
	(0.0527)	(0.0489)	(0.0534)	(0.0501)
L1. SEAve	0.2564 ***	0.2264 ***	0.2611 ***	0.2213 ***
	(0.0822)	(0.0759)	(0.0830)	(0.0763)

	SE	SE	SE	SE
L2. SEAve	−0. 3515 ***	−0. 4239 ***	−0. 3515 ***	−0. 4257 ***
	(0. 0623)	(0. 0632)	(0. 0618)	(0. 0623)
L3. SEAve	−0. 0281	−0. 0137	−0. 0287	−0. 0139
	(0. 0588)	(0. 0555)	(0. 0608)	(0. 0569)
DecR	0. 3428		0. 4155	
	(0. 2542)		(0. 2858)	
DecE		0. 3214 ***		0. 3332 ***
		(0. 0589)		(0. 0649)
Trans	0. 8049 ***	0. 7882 ***	0. 8113 ***	0. 7837 ***
	(0. 0402)	(0. 0428)	(0. 0400)	(0. 0428)
L1. Open	0. 1782 ***	0. 1438 ***	0. 1793 ***	0. 1470 ***
	(0. 0579)	(0. 0449)	(0. 0614)	(0. 0509)
L1. City	−0. 0024	−0. 0199	−0. 0104	−0. 0288 **
	(0. 0170)	(0. 0126)	(0. 0169)	(0. 0122)
Density	6. 0269 *	6. 0087 *	5. 9230	7. 1338 **
	(3. 3613)	(3. 4943)	(4. 3148)	(3. 5171)
_ const	6. 5779 ***	8. 7038 ***	6. 7533 ***	8. 9557 ***
	(0. 7867)	(0. 7671)	(0. 7892)	(0. 7742)
N	406	406	406	406
Sargan	26. 4173	26. 1474	26. 3646	26. 0895
AR (1)	−4. 0316 ***	−4. 0880 ***	−4. 0055 ***	−4. 0981 ***
AR (2)	−1. 1598	−1. 0759	−1. 1740	−1. 0711

注：*代表 $p < 0.1$，**代表 $p < 0.05$，***代表 $p < 0.01$。第一列与第二列的结果中 DecR 和 DecE 为先决变量（predetermined），第三列与第四列的结果中 DecR 和 DecE 为内生变量（endogenous），括号中标注的是稳健型标准误。

表 7 −4 是从收入角度衡量政府规模的估计结果，从模型的推断统计量看，Sargan 检验与 Arellano − Bond 检验说明模型不存在过度识别与二阶的序列相关的问题，即模型设置和工具变量的选择是合理的。表 7 − 5 是从支出角度衡量政府规模的估计结果，Sargan 检验和 Arellano − Bond 检验同样说明

模型设置和工具变量的选择是合理的。综合比较表 7 - 4 与表 7 - 5 的估计结果，可以得到以下结论。

第一，不论从收入的角度衡量政府规模，还是从支出的角度衡量政府规模，其滞后一期的估计系数都可在 1% 的显著性水平上显著，而且介于 0 与 1 之间，符合模型的理论假设，这也是政府规模具有内生性特征的一个经验证据。从财政收入规模角度看，四个估计结果中政府规模滞后一期的估计系数最小为 0.1392，最大为 0.1552，相应的调整系数分别为 0.8608 和 0.8448。即使以最大的估计结果（最小的调整系数）来计算，政府规模的调整速度也非常快，大概用 0.8 年就可以向目标规模调整剩余距离的一半[①]。从支出的角度来看，滞后一期的估计值明显放大，最小的是 0.2953，最大的是 0.3244，相应的调整系数分别为 0.7047 和 0.6756。以最大的估计结果计算，大概需要 1 年多一点的时间就可以向目标规模调整一半的距离。从数值上看，支出规模的调整速度稍慢，但差距不大，基本上都是每年可向目标规模调整剩余距离的一半。这说明地方政府在向目标规模调整时的反应比较迅速。

第二，不论从哪个角度衡量政府规模，中央转移支付力度在 8 个估计结果中都显著为正，而且估计值较高，最高达到了 0.9697。这说明中央转移支付占地区 GDP 的比重每提高一个百分点，就会导致该地区的政府规模提高接近一个百分点，即中国显著存在"粘纸效应"。这一结果与范子英和张军（2010）是一致的。因此，在中国地方政府缺乏税收立法权的情况下，地方政府面对中央转移支付的增加，并不能自主地进行税收减免，从而导致政府规模几乎同比例的增加。

第三，从财政分权的估计结果看，不论从哪个角度衡量政府规模，支出分权指标的显著性水平明显高于收入分权的指标。可能的原因是中国不存在实际意义上的收入分权，该结果是对这一观点的经验支持（Zhang 和 Zou，1998）。从估计值看，四个估计值都为正。这说明财政分权没能起到限制地方政府规模的作用。其原因可能来自两个方面：一是中国地方政府不能通过税收立法权来减免税收；二是户籍制度限制了"用脚投票"的监督与激励机制，缓解了地方政府控制自身规模的压力。因此，在这种情况下，分权很难起到限制政府规模的作用。

---

① 计算公式为：ln（2）/0.8608。

第四，在以收入衡量政府规模的四个模型中，地方政府平均规模的滞后三期全部显著。这说明，对于每一个地方政府而言，其他地区以往的政府规模是其调整自身规模的考虑因素之一。而且，他们考虑的不只是过去一年的情况，而是过去几年的整体情况。但从估计值看，正负兼有，滞后一期为正，滞后两期和三期为负，从估计系数看是负效应较大。因此，当各地方政府平均规模持续膨胀时，各地方政府更倾向于调低自己的目标规模水平，进而逐渐降低自身的规模，避免成为各地方政府中规模最大的地区。

第五，所有估计结果中，滞后一期的城市化水平几乎都不显著。城市化水平的提高可能会增加公共服务支出，进而导致政府规模膨胀，这一结果似乎并不符合理论预期，其原因可能来自三个方面：首先，城市化水平的提高对政府规模的影响确实不大，估计结果是对中国实际情况的反映；其次，城市化水平这一变量可能与某一变量的相关性较高，其影响可能已经反映在其他变量之中；最后，由于统计口径的变动、城乡人口的流动、农民工群体的扩大等原因，导致乡村人口这一数据不能反映中国城市化水平的真实情况。其实，如何准确衡量中国的城市化水平是一个需要深入探讨的问题。这三个因素的存在，都有可能导致城市化水平估计不显著，具体属于哪种情况还需要更多的经验数据进行检验与分析，这并不是本书的重点，不再过多讨论。

第六，所有估计结果中，滞后一期的开放程度都显著为正，即对外开放推动了地方政府规模的膨胀。这一检验结果不支持政府规模与贸易壁垒之间高度相关的理论假设，而是支持了政府会通过扩大社会保障和社会福利的支出来抵御外部风险的理论假设。不过这一结论是否具有普遍性仍然需要深入讨论。如果考虑到样本的时间跨度是从1995年到2011年，那么，这一结果还可能与特殊的历史时期有关。这一时期的起点正好是中国地方政府规模处于历史最低的"分税制"改革之初，而发展的方向又是改革开放的不断推进，对外开放程度的不断扩大。因此，如果从1952年开始考察这一关系，或者考察未来20年的情况，极有可能得到不同的结论。

第七，在个别结果中，人口密度可在10%，甚至5%的水平上显著，其估计值介于6与10之间。这说明人口密度可能也是导致政府规模不断膨胀的一个因素。但是，这一影响的实际效果并不大，从估计结果看，每平方千米增加约10000人，才会导致政府规模提高6~10个百分点，即每平方千米增加约 1000 人会导致政府规模最高提高 1 个百分点。以人口密度较高的上海为例，2011 年上海人口密度约为每平方千米 3702 人，那么，当人口密度再提高 27% 才会导致政府规模增加 1 个百分点。如果是其他人口相对稀少的地区，这一因素的影响基本可以忽略不计。

第八，从政府规模目标水平的角度考虑以上检验结果可以看到，影响政府规模的各种因素与各地方政府平均规模的历史情况，以线性组合的形式构成了政府规模调整的一个目标水平，地方政府以该目标规模为准进行调整，调整的速度大约为一年调整剩余距离的一半。从样本空间考察的时间看，这些构成因素中，除了以往地方政府的平均规模外，其他因素都表现出了提高目标规模的作用，而且正影响之和明显大于负影响之和。因此，地方政府的目标规模水平会不断提高，地方政府规模则不断地向更高的目标规模调整，最终使得中国地方政府规模在这一时期表现出不断膨胀的现象。

以同样的假设对模型（7-8）进行估计（其中年度虚拟变量为外生变量），结果如表 7-6 和表 7-7 所示（由于年度虚拟变量太多，且估计系数不是考察重点，因此不在表中列出）。

表 7-6 是从收入角度衡量政府规模的估计结果，从推断统计量看，Sargan 检验与 Arellano-Bond 检验说明模型不存在过度识别与二阶的序列相关的问题，即模型设置和工具变量的选择是合理的。表 7-7 是从支出角度衡量政府规模的估计结果，虽然 Arellano-Bond 检验在相对宽松的推断标准下（10% 的显著性水平）可以拒绝不存在残差二阶自相关的原假设，但在相对严格的标准下（5% 的显著性水平）不存在二阶自相关，因此，基本上可以接受模型设置和工具变量的选择是有效的。综合比较前后两个模型估计得到的八组结果，可以得到以下结论。

表 7-6 以年度虚拟变量的线性组合为目标水平的估计结果（财政收入）

	SR	SR	SR	SR
L. SR	0.2545 ***	0.2538 ***	0.2340 ***	0.2372 ***
	(0.0681)	(0.0646)	(0.0659)	(0.0617)
DecR	0.1590		0.2271	
	(0.2675)		(0.2846)	

续表

	SR	SR	SR	SR
DecE		0.0168 (0.0990)		0.0602 (0.1100)
Trans	0.8392 *** (0.0578)	0.8443 *** (0.0613)	0.8599 *** (0.0548)	0.8539 *** (0.0599)
L1. Open	0.1749 *** (0.0529)	0.1778 *** (0.0542)	0.1627 *** (0.0584)	0.1703 *** (0.0589)
L1. City	0.0098 (0.0161)	0.0053 (0.0150)	0.0038 (0.0152)	− 0.0035 (0.0144)
Density	6.1534 * (3.6519)	10.3260 ** (4.4312)	8.6992 ** (3.5981)	13.0913 ** (5.1754)
_ const	6.0306 *** (0.9463)	6.1459 *** (0.9215)	6.3254 *** (0.8960)	6.3918 *** (0.9240)
N	464	464	464	464
Sargan	8.7286	8.5168	9.2295	5.7188
AR (1)	− 2.3516 ***	− 1.9870 ***	− 2.6148 ***	− 1.9387 **
AR (2)	0.0256	− 0.2594	− 0.6169	0.1516

注：*代表 $p < 0.1$，**代表 $p < 0.05$，***代表 $p < 0.01$。第一列与第二列的结果中 DecR 和 DecE
为先决变量（predetermined），第三列与第四列的结果中 DecR 和 DecE 为内生变量（endoge-
nous），括号中标注的是稳健型标准误。

首先，最受关注的因变量滞后一期的估计值在所有的结果中都十分显
著，而且介于 0 与 1 之间，符合模型的理论假设，说明政府的收入规模与支
出规模都有向目标规模水平不断调整的特征。调整速度依然是支出规模慢
于收入规模，这一点与模型（7-7）的结论是一样的。但是，模型（7-8）
得到的调整速度明显更慢，这说明地方政府在调整自身的规模时，更多的
是关注其他地方政府的规模变动，而不是自身规模的历史情况。分别以两
组结果中最大的估计系数（最小的调整系数）来计算，收入规模向目标规
模调整一半的距离大约需要 0.93 年，支出规模调整一半的距离大约需要
1.2 年。

其次，其他影响因素的估计结果与前面极为一致。一是中央转移支付

的估计结果高度显著，说明了中国显著存在"粘纸效应"。二是显著性水平不高的分权指标反映了中国式的财政分权在目前还没有起到限制地方政府规模的作用。三是对外开放程度的高度显著支持了政府会通过扩大社会保障和社会福利的支出来抵御外部风险的理论假设。四是虽然人口密度的实际影响不大，但其提高在统计上对政府规模的膨胀存在显著的推动作用。

表7-7　以年度虚拟变量的线性组合为目标水平的估计结果（财政支出）

	SE	SE	SE	SE
L. SE	0.4439 ***	0.4295 ***	0.4338 ***	0.4366 ***
	(0.0621)	(0.0588)	(0.0611)	(0.0591)
DecR	0.0623		0.1508	
	(0.1948)		(0.2085)	
DecE		0.1078		0.1360
		(0.1064)		(0.1079)
Trans	0.6554 ***	0.6586 ***	0.6684 ***	0.6496 ***
	(0.0486)	(0.0493)	(0.0476)	(0.0488)
L1. Open	0.1408 ***	0.1245 ***	0.1381 ***	0.1265 ***
	(0.0422)	(0.0458)	(0.0469)	(0.0493)
L1. City	−0.0005	−0.0067	−0.0079	−0.0223
	(0.0153)	(0.0157)	(0.0157)	(0.0153)
Density	7.2510 **	8.4098 **	8.1753 **	10.6957 ***
	(2.8670)	(3.3500)	(3.2434)	(3.6346)
_ const	4.6060 ***	4.5769 ***	4.8121 ***	4.8473 ***
	(0.8307)	(0.7480)	(0.8237)	(0.8161)
N	464	464	464	464
Sargan	10.9479	9.6587	10.8736	10.6170
AR (1)	−3.2758 ***	−3.3017 ***	−3.2184 ***	−3.3311
AR (2)	−1.6868 *	−1.6693 *	−1.6773 *	−1.6271

注：*代表 $p < 0.1$，** 代表 $p < 0.05$，*** 代表 $p < 0.01$。第一列与第二列的结果中 DecR 和 DecE 为先决变量（predetermined），第三列与第四列的结果中 DecR 和 DecE 为内生变量（endogenous），括号中标注的是稳健型标准误。

综上可知，政府规模具有内生性特征，中国地方政府调整其自身规模不仅受到其他地方政府的影响，还受到自身历史情况的影响。因此，地方政府规模的调整过程不仅是地方政府之间的博弈过程，还具有明显的路径依赖特征。从其他因素看，特殊的制度环境使得这些因素在这一时期大都具有提高目标规模水平的作用，因此，随着地方政府规模向这一目标不断调整，这一时期的地方政府规模不断膨胀。

五、稳健性检验

稳健性也是决定模型设置与估计结果质量的关键因素。稳健性检验的方式有不少，其中简单易行的有：特定抽取或者剔除部分样本重新估计，随机抽取样本重新估计（如第五章第四节所用）和选择不同时间段重新估计等。将重新估计的结果与原结果进行对比，如果结果较为一致，或者可以反映选取样本的特征，就可以认为模型是稳健性的。相反，如果结果差距显著，而且不能反映选择样本的特征，那么模型就可能是不稳健的。在这里，本书选择抽取样本的方式进行检验，将原样本按地区分为东部、西部和中部（具体划分可见第六章第三节），按时间分为 2004 年及以前和 2004 年以后，共 5 组新的样本。

模型（7 – 7）与模型（7 – 8）共可形成 16 组估计结果，针对每一组结果的检验基本得到了较为一致的结论，即模型是稳健的。由于估计结果较多且相似，过多的列举这些结果并无意义，因此，只列举其中一组检验结果。表 7 – 8 是模型（7 – 7）的检验结果，其中政府规模与分权程度都从支出角度衡量，财政分权与中央转移支付的相对力度设置为内生变量。

表 7 – 8　政府规模内生性影响因素模型的稳健性检验

	东部	中部	西部	1995 ~ 2004 年	2005 ~ 2011 年
L. SE	0. 4959 ***	0. 5182 ***	0. 2590 ***	0. 2730 ***	0. 2333 ***
	(0. 0537)	(0. 0915)	(0. 0693)	(0. 0770)	(0. 0549)
L1. SEAve	0. 1332 ***	– 0. 1938 **	0. 4770 ***	0. 2566 ***	0. 2476 ***
	(0. 0450)	(0. 0837)	(0. 1711)	(0. 0986)	(0. 0950)
L2. SEAve	– 0. 3058 ***	– 0. 2387 ***	– 0. 6619 ***	– 0. 3118 ***	– 0. 5748 ***
	(0. 0763)	(0. 0646)	(0. 1154)	(0. 1092)	(0. 0741)

续表

	东部	中部	西部	1995~2004 年	2005~2011 年
L3. SEAve	−0.0075 (0.0954)	−0.0766 (0.0776)	0.0063 (0.1333)	−0.1825 *** (0.0662)	0.3986 *** (0.1168)
DecE	0.2900 *** (0.0760)	0.4305 ** (0.1735)	0.3916 *** (0.0771)	0.2956 ** (0.1253)	0.2406 * (0.1232)
Trans	0.7504 *** (0.0658)	0.7404 *** (0.0843)	0.7466 *** (0.0466)	0.7495 *** (0.0807)	0.8979 *** (0.0545)
L1. Open	0.1299 *** (0.0390)	0.1956 (0.1819)	0.5222 *** (0.1597)	0.1154 * (0.0632)	0.1916 *** (0.0595)
L1. City	−0.0073 (0.0092)	−0.0721 ** (0.0335)	−0.0499 (0.0405)	−0.0099 (0.0172)	−0.0165 (0.0169)
Density	2.0137 * (1.1393)	−26.1541 (27.9728)	73.4759 (52.5082)	0.9652 (4.1227)	10.2793 ** (4.5512)
_ const	5.3839 *** (0.9858)	12.9072 *** (1.8536)	9.0672 *** (1.3698)	9.6531 *** (1.0539)	3.4730 ** (1.4168)
N	153	112	140	203①	203
Sargan				24.5781	22.4352
AR (1)	−2.6652 ***	−2.2341 **	−2.4849 ***	−2.5188 ***	−4.0768 ***
AR (2)	2.492 ***	0.0254	−1.9114 *	0.0775	−1.1094

注：*p 代表 <0.1，** 代表 p <0.05，*** 代表 p <0.01。括号中标注的是稳健型标准误。①项滞后三期少了三期的观测值。

从检验结果可以看到，政府规模调整速度的定性结论及其显著性水平，与表 7 - 5 中最后一列的结果基本一致，只存在数值大小上的定量差异。从抽取样本的估计结果看，东部和中部的调整速度慢于全国平均水平。其他略有出入的估计结果可能是对抽取样本自身特征的真实反映。从模型的统计推断看，虽然有些 Sargan 检验无法获取，有些 Arellano - Bond 检验拒绝了不存在二阶自相关的原假设，但不应该严格地否定模型设置与工具变量的选择。这一结果主要是样本数量较少导致工具变量选择不足引起的。整体来看，基本可以认为模型是稳健的。

第三节　政府规模的收敛性

经济的发展具有一定的趋同特征，不同的国家或地区，虽然可能起点与背景各不相同，但其经过的路径与要达到的目标通常存在着相似特征。在中国，各地区处于一个相似的大背景之下，地方政府的行为选择受到相似的背景因素影响，那么，政府规模是否存在趋同特征，或者说是否具有收敛性呢？这是一个值得分析的问题。

一、收敛性的概念

收敛性是经济增长中讨论的一个问题。如果经济增长存在收敛性，那么就意味着穷国会拥有比富国更快的经济增长速度，并最终能够追上富国的经济水平。而根据索洛模型对经济增长的描述，至少存在三个原因预示着收敛性的存在：其一，索洛模型预言各国的经济将收敛于平衡增长路径，因此，生产率的差异是源于各国处于经济增长路径上的位置不同；其二，索洛模型对资本的假设是边际收益递减的，那么，资本就有可能从边际收益低的富国向穷国流动；其三，知识扩散的滞后性是引起各国差距的原因，当穷国采用新技术以后，将缩小其与富国的差距。

对于经济收敛的预测，Baumol（1986）利用 16 个工业化国家 1870～1979 年的数据，对经济增长收敛性进行了检验。具体做法是对这些国家在这段时期的经济增长率与他们初始的人均收入水平进行了一个简单的一元线性回归。如果存在收敛性，那么初始人均收入水平的估计系数应该为负，即初始人均收入高的国家经济增长率低，而初始人均收入低的国家经济增长率高。如果估计系数是 -1，就意味着完美的收敛性，即一国初始人均收入高出他国多少，其经济增长率就对应降低多少。Baumol 的估计结果为 -0.995，几乎正好等于 -1，这一结果显示出了近乎完美的收敛性。

然而，De Long（1988）指出，Baumol（1986）的分析结果是有偏误的，其问题之一是数据样本的选择。De Long 指出，正是因为那些穷国在 1870～1979 年的经济高速增长，才会有这些国家的数据记录，因此，回归分析得到的结果是样本自身的特征，并不能证明经济具有普遍的收敛性。进而，De Long 调整了样本重新进行了估计，其结果是消除了一半的收敛性（增加了阿根廷、智利、德国、爱尔兰、新西兰、葡萄牙和西班牙这七个国家，减少了一个日本）。

其实，Baumol（1986）的检验方法考察了经济增长速度与经济初始状态的绝对关系，在他的检验中没有考虑任何的控制变量。因此，称为绝对收敛。如果经济存在绝对收敛，就说明不论其他条件如何，穷国一定会有更高的经济增长率，最终一定能够赶上富国。如果绝对收敛不存在，就可以进一步考察是否存在条件收敛，即各国是否根据不同的条件向各自不同的平衡增长路径移动。简言之，条件收敛就是指在其他影响因素相同的情况下，初始经济水平较低的国家是否具有较高的增长速度。那么，绝对收敛或者条件收敛是否存在于政府规模的调整之中呢？

二、中国地方政府规模的绝对收敛与条件收敛

生产要素的边际收益递减特征是经济增长可能存在收敛性的关键原因之一。那么，不存在该原因的政府规模是否存在类似的收敛现象？初始政府规模较高的地区其政府规模的膨胀速度是否较低呢？虽然政府规模本身没有资本积累的过程，但政府支出的经济绩效却存在边际收益递减的特征。因此，如果政府规模的调整是理性的，就应该呈现出向最优政府规模不断收敛的特征。但是，Afxentiou 和 Serletis（1996）对欧洲各国人均政府消费（能够从一个层面反映规模，但不等同）收敛性的实证检验发现，多数国家都不存在显著的收敛特征。那么，中国的地方政府消费是否存在收敛性特征呢？戴建军和孙群力（2007）对中国地方政府人均消费的绝对收敛与条件收敛进行了检验，结果认为中国的地方政府消费同时具有显著的绝对收敛与条件收敛特征。但是，戴建军和孙群力的结论并不能简单地移植到政府规模上。因为人均政府消费是以绝对量考察的，而政府规模是以相对量考察的，两者之间差异明显。人均政府消费的取值范围为 $[0, +\infty]$，当基数较大时，同比率的增长需要更高的绝对量，或者说相同绝对量的变动下，基数越大增长率就越低。同时，在正常发展的情况下（没有战争、自然灾害，以及较严重的经济萧条），人均政府消费会随着经济的发展持续提高，因此，在长期下出现收敛的可能性就很大。与此相反，相对量的取值

为［0，1］（有时乘以100表示为［0，100］），基数不仅对增长率的影响不大，而且与经济绩效的相关性也不高，因此，存在收敛性的可能性不高。但是，相对量也有可能达到某一水平后再难提高，这又是存在收敛性的可能性之一。因此，地方政府规模是否存在收敛性，还需要从绝对收敛和条件收敛两方面进行检验。

首先，如果地方政府规模存在绝对收敛，那么，不管其他背景条件如何，初始规模高的地方政府其膨胀速度应该较低，初始规模低的其膨胀速度应该较高。正是由于其他条件对收敛结果没有影响，因此，地方政府规模的逐渐集中是绝对收敛存在的必要条件之一，或者说绝对收敛的存在必然表现出政府规模逐渐集中的现象。图7-1是东部（北京和天津）、中部（山西和河南）、西部（云南和陕西）六个地区政府规模的历史变动（政府规模从财政收入的角度衡量，下同）。可以发现，从图中很难看出这六个地区的政府规模具有从分散向集中的收敛趋势，只是有个别年份表现得较为集中（1962年和1992年等）[①]。同样的结论也可以从变异系数的角度得到。图7-2绘制了地方政府规模变异系数的变动情况。如果存在绝对收敛，那么，地方政府规模的离散程度应该不断降低，即变异系数应该逐渐变小。但是，从图7-2来看，变异系数并没有呈现出降低的趋势，而是不断波动。基于以上两点考虑，中国地方政府规模似乎不存在绝对收敛。但是，如果使用Baumol（1986）在分析经济收敛时的方法进行检验，那么将得到完全相反的结论。

图7-1　1952~2010年东部、中部、西部六地区政府规模的历史变动

---

① 31个地区的结果与此类似，同时绘出31个地区的折线图很难辨认，因此，从东部、中部、西部分别选择了两个地区。

图7-2　1952~2010年地方政府规模变异系数的变动

戴建军和孙群力（2007）在检验政府消费绝对收敛时也采用了Baumol（1986）的处理方法。具体来说，就是通过如下回归方程来检验政府规模的增长率与初始政府规模之间是否存在显著的负相关关系。

$$\ln S_{i,end} - \ln S_{i,start} = \alpha + \beta \ln S_{i,start} + \varepsilon \qquad (7-10)$$

其中，$S_{i,end}$是最后一期的政府规模，$S_{i,start}$是初期的政府规模。因此，等式左边就是政府规模增长率的自然对数，短期内也近似等于政府规模的增长率。等式右边只有初始政府规模。当β的估计结果显著为负时，就说明政府规模存在绝对收敛。

考虑到绝对收敛的存在可能依赖于时间段的选择，因此，分别从四个时段对模型（7-10）进行检验。分别是1952~2010年，1959~2010年，1978~2010年和1995~2010年。四个时段均有其各自的特点，1952~2010年是时间跨度最长，1959~2010年是初始地方政府规模较高，1978~2010年是地方政府规模逐渐缩小，1995~2010年是地方政府规模逐渐扩大且时间跨度最短，这些特征可从图3-1看出。四种情况下的散点图及其拟合直线如图7-3所示。

从图7-3中不难发现，除了时间跨度最短的情况，其他三种情况都表现出较为显著的负相关关系，说明政府规模存在绝对收敛的特征。这与对政府规模变动的直接考察形成了明显的对比。从具体的估计系数及其p值看，分别为：1952年的是-0.7141（0.005），1959年的是-0.4101（0.018），1978年的是-0.3420（0.051），1995年的是-0.0384（0.771）。比较这四个估计结果可以看到，随着时间跨度的不断变短，估计值逐渐接近于零，而且显著性水平也在不断降低。这似乎反映了绝对收敛与时间跨度之间的一个关系，即政府规模的绝对收敛需要足够的时间跨度来体现。但这一点同样不能从图7-1和图7-2中体现出来。那么，应该选择哪种检

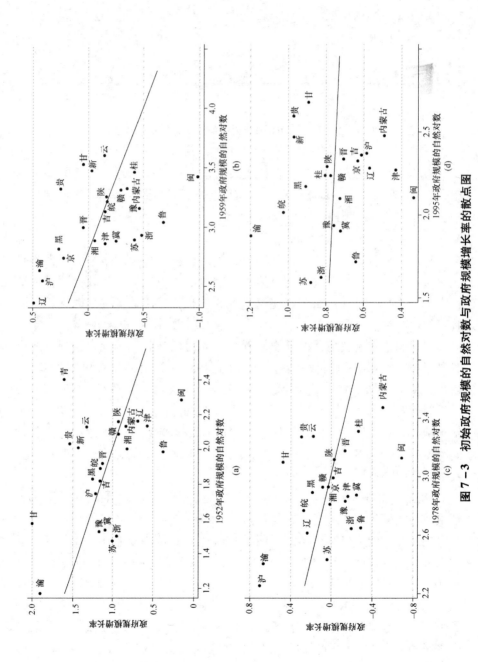

图 7 - 3　初始政府规模的自然对数与政府规模增长率的散点图

验结果作为判断政府规模是否存在绝对收敛的依据呢？不难发现，两种角度也是各有利弊。Baumol（1986）的处理方法虽然是定量分析更为精确，但不够直观，而且只反映了政府规模初始值与最终值之间的关系，忽视了中间的变动情况。虽然直接观察的方式考虑到了政府规模的整个变动过程，但其判断的方式好像又不够准确客观。因此，政府规模是否存在绝对收敛还需要进一步的讨论与分析。

如果政府规模不存在绝对收敛，那么是否存在条件收敛呢？政府规模存在条件收敛是指，在其他影响因素相同时，初始规模高的地方政府，其膨胀速度应该较低，初始规模低的膨胀速度应该较高，或者说各地方政府的自身环境因素形成了一个特殊的收敛值，他们分别向各自的收敛值不断调整，当距离收敛值远的时候调整幅度高，当距离收敛值近的时候调整幅度就低。如果所有地方政府的自身因素全部一样，那其收敛值就全部相同，这时就表现为绝对收敛，即政府规模呈现出不断集中的结果。检验条件收敛可以在模型（7-10）中加入相应的控制变量，然后重新估计，如果 β 的估计值显著为负，就说明在控制了这些影响因素的情况下，表现出收敛的特征。但是，戴建军和孙群力（2007）在检验条件收敛时并未采用这种方法，而是使用面板数据结构，通过如下模型进行检验。

$$\ln(g_{it}/g_{it-1}) = \alpha + \beta \ln g_{it-1} + \sum_{k=1}^{n} \beta_k X + a_i + \varepsilon_{it} \tag{7-11}$$

静态面板，尤其组内去心的固定效应估计方法，主要体现了个体时序特征的平均。从上面模型的设置也可以看到，该模型对收敛性的检验主要是估计上一期政府消费的自然对数与政府消费增长率自然对数之间的关系。如果 β 的估计结果小于零，说明从平均的角度看，随着消费水平的提高，地方政府消费增长速度就会变慢。因此，这种检验方式实际上是从另一角度反映了政府消费的条件收敛特征。但是，用这种方法来检验政府规模的条件收敛可能会存在一些问题。因为政府规模是相对量，其波动性大于不断增长的绝对量。从而使得政府规模并非总低于收敛目标，也有高于收敛目标的可能。当政府规模高于收敛目标时，条件收敛的存在会缩小政府规模（负增长）。那么，当检验样本中既有低于收敛目标的样本，也有高于收敛目标的样本时，即使模型（7-11）中 β 的估计值不为负，也可能存在条件收敛的特征。

那么，政府规模的条件收敛应该如何检验呢？其实，条件收敛与绝对收敛的主要区别就在于，绝对收敛体现为所有个体具有完全相同的收敛值，该收敛值是不依赖于任何因素的，而条件收敛体现为每一个体都可以具有自己独特的收敛值，都是向各自特有的收敛值收敛。换一个角度来看，地方政府规模的这种独特收敛值，其实就是前面分析政府规模内生影响因素时所假设的政府规模目标水平。因此，利用模型（7-7）和模型（7-8）完全可以检验政府规模的条件收敛。只要政府规模滞后一期的估计结果显著介于0与1之间，就说明政府规模在向预设的目标逐渐收敛，而且收敛的速度随着与目标值的靠近会越来越慢。因此，从前面对该模型的估计结果可以看到，在两种不同目标规模的假设下，政府规模均呈现出向目标水平不断收敛的过程。因此，即使政府规模不存在绝对收敛，也一定存在条件收敛。

第八章 结 语

第一节 基本结论

在两个假设的前提下，本书主要以地方政府财政收入与支出规模来衡量地方政府的规模，以经济绩效作为政府规模优化的判断标准，在梳理新中国成立以来中央与地方政府规模与结构历史变迁的基础上，对中国地方政府规模与结构的优化的四个方面进行了较为深入的实证探讨：最优政府规模估计模型的比较与选择、中国地方政府层级结构优化、中国地方政府支出结构优化和中国地方政府规模内生影响因素模型。依照以上四个方面，将主要结论总结如下：

一、缺乏有效监督机制的地方政府

与大多数西方发达国家不同，中国地方政府缺少两个重要的监督与激励机制：一是官员任命制限制了"用手投票"的激励机制；二是户籍制度限制了"用脚投票"的激励机制。在这种情况下，中央政府的监督，以及财政体制的设置就成为影响地方政府规模的主要因素。因此，财政体制的三次重要改革使得地方政府规模形成三个不同阶段。

改革开放以前，地方的税收和利润几乎全部上缴中央，然后中央政府按支出计划进行下拨，国家控制了几乎全部的经济活动，地方和企业几乎没有任何自主权。因此，这一阶段中的税收不具有经济学中税收的一般内涵及普遍意义上的税收作用，也因此，这一时期成为不同于以后的特殊时期。

改革开放以后，财政体制的主题变为了"放权让利"，直到分税制以前都是如此。"放权让利"在成功促进经济绩效的同时，也带来了许多问题：一是扭曲了资源配置，使得资本不能流动到最能发挥其作用的地方，这在许多方面都有体现，比如中央与地方之间、地方政府之间、农业与工业之间、工业中的不同行业之间，以及财政支出的不同项目之间；二是加剧了市场分割，限制了市场竞争；三是具有过度投资倾向的地方政府，在追求净财政收入最大化的同时引起了通货膨胀；四是权力的不断下放使得财政收入占 GDP 的比重和中央财政收入占财政总收入的比重不断下降。

1994 年以来的各种改革措施，摆脱了"放权让利"的不规范做法，打破了价格"双轨制"下财政收入过度依赖国有企业的格局，搭建了社会主义市场经济下税收制度的基础框架，从而解决了上一阶段中存在的诸多问题。但是，分税制改革是分权在我国的初步尝试，许多制度上的问题依然没有解决，从而造成了公共服务的供给不足，以及地区间的供给不均等各种问题，这些问题的解决还是离不开"用手投票"与"用脚投票"机制的引入与完善。

最终，通过考察地方政府规模的现状可以发现：虽然中国地方政府的显性政府规模显著低于世界平均水平，但其可能存在较高的隐性规模；虽然中国政府消费高于发达国家的平均水平，但这更可能是反映了较高的行政成本，而不是较好的公共服务供给。这两点均可通过主观感受、新闻报道、研究结论，以及本书后续的实证分析得以体现与证实。

二、中国地方政府最优规模估计

政府最优规模的估计结果大多基于"Barro 法则"与"Armey 曲线"。但不同研究的样本差异，导致了估计结果的显著不同。因此，为了得到适合中国地方政府最优规模的估计模型，本书采用同样的样本空间对三类常见模型进行了对比与分析。

首先，"Barro 法则"通过引入政府支出的边际收益，将政府规模与经济绩效之间的非线性关系线性化，其实证检验模型基本基于 Karras 导出的估计模型，类别主要有三种：劳均政府支出模型、劳均模型和非劳均模型。通过对三种模型的估计可以发现，劳均模型最为符合现有的研究结果与中国的实际情况。从政府消费、政府财政收入、政府财政支出三个角度来看，该模型估计的最优政府规模分别为占 GDP 的 4.5%、6.97% 和 10.49%。这一最优估计结果与三个指标内涵之间的内在联系正好反映了假设一的表述，是对假设一的一个经验支持。

其次，依据"Armey 曲线"描述的"倒 U 型"关系，通过引入二次项的方式也可以线性化这种关系。模型的估计结果认为中国地方政府规模并不存在"Armey 曲线"。其原因可能来自于这种估计模型的设置缺少严格的理论推导。

最后，"Armey 曲线"的拟合还可考虑"门槛回归"这种估计方法。通过门槛回归可以发现，虽然估计结果没有完全符合"Armey 曲线"的理论预期，但是可以认为中国已经基本表现出了"Armey 曲线"的特征，只是还没有完整地显现出负影响的那一部分。从最优政府规模（门槛值）的估计结果看，政府消费、政府财政收入、政府财政支出这三个角度下的最优规模估计值分别为 10.7%、11.4% 和 9.2%。

综合比较三类模型的估计结果可以发现，基于"Barro 法则"的劳均模型与"门槛回归"模型的估计结果比较符合中国的实际，而且结论也较为一致，"门槛回归"的结果略高于劳均模型的结果。综合分析这些模型的估计结果，可以认为中国地方政府的最优规模大约为财政收入或支出占 GDP 的 10%。由此可见，虽然中国地方政府的平均规模小于世界发达国家的平均水平，但其最优规模水平同样小于世界发达国家的平均水平。两者之间的相互关系从某一层面反映了隐性规模较高与行政成本较高的问题。

三、"省直管县"与中国地方政府层级结构优化

"省直管县"政策的实施属于一种自然实验，在实验的过程中可能存在许多影响实验有效性的因素，比如随机化的失败与难以观测的系统性变化等。因此，为了排除这些因素的干扰，本书通过包含控制变量的双差分模型，并以福建省作为对照组样本，检验了"省直管县"体制对浙江省经济绩效的净效应。通过检验可以得到以下结论：

首先，以福建省作为对照组进行对比时，"省直管县"体制对浙江的经济绩效具有显著的促进作用，而且这种积极的作用在该体制实施的当年就十分明显。从估计系数看，相对于福建省而言，"省直管县"的体制在浙江省实施的第一年，可以使浙江省各县的 GDP 指数平均增加约 4.557 个百

分点。

其次，"省直管县"体制的净效应具有一定的持续作用，持续的时间大约为三年到四年。以算术平均的方法计算，两年中的平均影响可使浙江省各县的 GDP 指数增加约 5.813 个百分点，三年内的平均影响可使 GDP 指数增加约 3.857 个百分点，四年内的平均影响可使 GDP 指数增加约 1.593 个百分点。

最后，针对剔除福建省试点样本的检验可以说明，该体制对福建省的经济绩效同样具有积极的影响。因此，"省直管县"体制对经济绩效的促进作用不是特例，而是具有普遍性的，是地方政府结构优化的一个选择方向。

四、公共服务拥挤性与中国地方政府支出结构优化

财政支出结构优化不仅要考虑经济绩效，更应该关注公共服务供给是否能够满足居民的实际需求。在中间投票人定理与 Borcherding 和 Deacon（1972）模型的基础上，本书构建了中国地方公共服务需求决定模型，进而估计了中国地方公共服务的拥挤性，从估计结果可以得出以下结论：

第一，中国特征的文化背景因素或者 CPI 指数的系统性低估，使得 CPI 指数不能真实地衡量中国公共服务的价格水平。一方面，追求自有住房的文化背景与户籍制度的限制使得拥有住房成为享有当地公共服务的关键条件；另一方面，商品房价格指数反映了 CPI 指数的"真实"水平。这些因素使得商品房价格指数能够更为客观地衡量这种特征环境下的公共服务价格水平。

第二，从公共服务供需匹配的角度考察，政府财政支出的相对规模同样高于最优水平。从估计结果看，公共服务总体的拥挤系数为 1.1049，即整体供给水平已经满足了真实需求，表现出"规模效应"，在整体上应该适当控制财政支出总额。

第三，控制基本建设和一般公共服务投入，增加教育和社会保障等公共服务投入。从估计结果看，基本建设和一般公共服务的拥挤系数分别为 12.3054 和 7.1214，其供给已经严重过剩，而教育和社会保障的拥挤性系数分别为 -2.6926 和 -0.7096，其供给还明显不足。因此，应该减少过剩的基本建设和一般公共服务投入，并将其转为增加教育和社会保障等公共服务。

第四，财政支出结构优化需要依据各地区的具体情况。由于我国地域广阔，经济发展不平衡，因此，各地区的居民对于公共服务的需求必然不同。从全国平均水平看，虽然基本建设投入已经严重过剩，但这种过剩主要体现在东部地区，中西部地区还表现出相对不足。简言之，公共服务的供需关系敏感于各地区的具体条件，财政支出结构优化需要考虑不同地区的差异性。

五、政府规模内生下的影响因素与政府规模的收敛性

通过理论分析与相应的实证检验不难发现，政府规模的变动必然是连续的，当期的政府规模肯定会受到历史规模的影响。因此，只有将以前的政府规模内生于影响因素模型之中才可能得到这些影响因素的无偏估计量。通过将滞后期的政府规模引入模型之中，不仅估计了这些因素的影响程度，而且分析了政府规模的动态调整过程，并在本书的样本空间内，得到以下六个结论。

第一，地方政府规模会不断地向一特定的目标规模水平进行调整。这一目标规模水平可以是各个地方政府平均规模的历史水平，也可以是其自身规模的历史平均水平。而且，这种调整的反应速度很快，几乎一年就可完成剩余距离一半的调整。

第二，中国存在显著的"粘纸效应"。从估计的结果看，转移支付占该地区 GDP 的比重每提高 1 个百分点，就可能导致该地区的政府规模提高 0.6～0.9 个百分点。其原因主要是地方政府缺乏税收立法权，不能自主地进行相应的税收减免，从而导致政府规模几乎同比例的增长。

第三，由于中国地方政府没有税收立法权来减免税收，同时户籍制度又限制了"用脚投票"机制的有效性，因此，中国的财政分权也没能起到限制地方政府规模的作用，反而推动了地方政府规模的膨胀。

第四，对外开放程度的提高推动了地方政府规模的膨胀。这一估计结果支持了政府会通过扩大社会保障和社会福利的支出来抵御外部风险的理论假设。

第五，各种影响政府规模的因素，大多都表现出推动政府规模膨胀的作用，从而导致地方政府的目标规模不断提高，进而推动地方政府向更高的目标规模进行调整，最终使得这一时期的地方政府规模不断膨胀。

第六，在对地方政府规模绝对收敛的检验中，直接观察与定量分析的方式得到了相互矛盾的结论。因此，政府规模是否存在绝对收敛还需要进一步的讨论与分析。然而，就条件收敛而言，地方政府规模不断向特定目标规模调整的结论，就证明了地方政府规模具有条件收敛性。

第二节　政策建议

通过前面的结论可以发现，关于中国地方政府的规模与结构至少有两个问题需要注意：一是地方公共服务的供给明显不足，地区间的公共服务供给的不均等现象严重；二是中国地方政府规模已经明显高于其最优水平。虽然显性规模小于发达国家的平均水平，但最优规模也普遍小于这些国家，因此，中国可能存在较高的隐性政府规模，从而导致实际的政府规模已经高于发达国家的平均水平。

对于第一个问题，其直接原因就是地方政府缺乏有效的监督与激励机制。虽然中央政府可以通过晋升锦标赛的方式监督与激励地方政府，但也正是这种强激励机制扭曲了地方政府的行为，使得他们只关注上级的考核标准而不关注本地的基本公共服务（考核标准的特点使得公共服务的供给不能成为考核标准）。这种激励机制将地方政府原本面对的多目标优化难题转变为相对容易的单目标优化。当然，针对这一问题也有一些相应的措施，比如专项转移支付就是其中之一。但是，这种做法在有"粘纸效应"的情况下，就导致了地方政府规模的膨胀，即问题二。

对于第二个问题，从政府规模内生性的影响因素模型看，转移支付、财政分权和对外开放都是引起地方政府规模膨胀的因素。可见，本来有可能限制政府规模，或者不应存在显著影响的因素都推动了政府规模的膨胀。其原因并非分权的过度，而是分权的不够彻底。地方政府在缺乏足够的财政自由时，不能在转移支付增加的同时，根据本地区的实际情况进行相应的税收减免，从而导致了地方政府规模的扩张。因此，进一步的推动财政分权，有可能降低由转移支付带来的地方政府规模膨胀。当然，分权本身对于地方政府规模的限制作用，还是离不开"用脚投票"机制的有效发挥。分权的不够彻底还体现在地方政府没有独立的支柱收入来源，造成了财权与事权的不一致，进而加剧了第一个问题的严重性。所以，财政分权的推进也有助于统一地方的财权与事权，并从财政层面上确保本地区的公共服务供给。还有一点需要指出，优化地方政府规模也可以从隐性规模的角度考虑，如果能够减少政府对国有企业和银行系统的各种影响，就有可能降低隐性政府规模，从而提高最优规模水平，实现优化地方政府规模的目的。

综上可知，两个问题都源自制度层面上缺乏有效的监督机制。因此，最有效的解决方式就是引入"用手投票"与"用脚投票"的监督与激励机制。这样不仅可以激励地方政府在本地区提供足够的公共服务，可以通过居民的退出机制监督和限制地方政府规模的膨胀。但是，在中国当前的社会条件与文化等背景下，两种机制的直接引入，或者说非渐进性引入，都有可能引发严重的社会问题，比如大量人口涌入像北京、上海、广州这样的城市，使得这些城市在短时期内无法承受。那么，在当前这种自上而下的监督机制下，可以通过中央的专项转移支付来确保地区公共服务的供给，同时还可以通过分权的完善，以及增加税收减免类转移支付的比重来降低"粘纸效应"，从而限制地方政府规模的膨胀，保障地方政府规模逐渐向最优水平调整。然而，财政上的分权与政府行政上的集权之间又具有明显的矛盾，这也使得分权的进一步推进可能并不容易。由此看来，改革依然需要采取渐进的形式。但是，渐进式的改革形式也可以多项并行，在渐进地推动财政分权、减少政府对国有企业与银行影响的同时，还可以渐进地引入"用手投票"与"用脚投票"的监督与激励机制，确保水平监督与垂直监督的同时存在，并最终达到优化中国地方政府规模与结构的目标。

第三节 研究展望

政府规模与结构的复杂性，使其从任何单一的角度测量都难以得到完整的体现。本书在假设不同维度具有高度相关性的前提下，用财政收入与支出的规模作为政府规模的衡量指标，并围绕中国地方政府规模与结构优化这一主题，对中国政府规模的历史变迁、最优政府规模的估计模型、政府层级结构优化、政府财政支出结构优化，以及政府规模内生性的影响因素模型这五方面进行了研究。显然，如果可以找到一个可以更为准确的衡量指标，那么，利用该指标进行实证检验就可得到更为完善的分析结论。除此之外，在以财政收入与支出作为衡量指标的前提下，本书所涉及的内容仍有一些值得进一步思考与深化的地方。

第一，本书的研究对象是省、自治区和直辖市，因此，个体数量相对较少。虽然通过多期的观测扩大了样本空间，但是若能以市、县一级的地方政府作为研究对象，就可以通过更多的样本来提高检验效率与结论的稳健性，也有可能得到县级视角下的不同结论。

第二，本书的样本观测时间主要为 1978 ~ 2011 年。这正好是中国经济高速发展的时期，而这一时期的数据具有一定的特殊背景。因此，实证分析的结论主要反映了这一时期的因果关系，是否具有较好的预测性，还需要通过未来的观测数据做出进一步的检验。

第三，从结构优化本身来说，本书只分析了政府层级结构与财政支出结构的优化。然而，政府结构优化还有许多其他层面且更为复杂的问题需要研究。

第四，政府规模内生性的影响因素模型为分析政府规模的影响因素提供了一个模型设置的新思路。但是，目前来看，在目标规模水平的设置方面还缺少一定的理论基础。本书只是通过假设的方式，对两种假设的目标规模水平进行了检验。虽然检验结果都具有一定合理性，但两种假设之间是什么关系，是否可能或应该将其以某种形式进行合并，这还需要更多的理论分析与经验检验。

第五，中国地方政府规模是否存在绝对收敛依然是一个需要讨论的问题。本书采用的两种检验方式得到了相反的结论。其实，特殊历史时期的经验数据或许是产生该结果的原因之一。因此，绝对收敛的检验可能还需要获取更多的经验数据，或者采用其他更为合适的方法进行检验。

尽管如此，本书已经对最关键、最重要的几个逻辑关系密切的问题进行了较为详细的讨论与分析，对中国地方政府规模与结构优化具有一定意义。

参考文献

艾哈德：《来自竞争的繁荣》，商务印书馆 1983 年版。

薄贵利：《稳步推进省直管县体制》，《中国行政管理》2006 年第 9 期。

才国伟、黄亮雄：《政府层级改革的影响因素及其经济绩效研究》，《管理世界》2010 年第 8 期。

蔡芸、杨冠琼：《中国地方政府最优财政规模：理论与实证检验》，《北京工商大学学报》（社会科学版）2010 年第 4 期。

蔡芸、杨冠琼：《晋升锦标赛与中国的基础教育发展失衡》，《中央财经大学学报》2011 年第 6 期。

曾娟红、赵福军：《促进我国经济增长的最优财政支出结构研究》，《中南财经政法大学学报》2005 年第 4 期。

陈创练、陈国进、陈娟：《政府消费最优规模对私人消费的影响研究——基于门限面板回归模型的实证分析》，《经济与管理研究》2010 年第 12 期。

戴广：《政府规模和经济收敛》，《经济学》（季刊）2004 年第 2 期。

戴建军、孙群力：《中国地方政府消费的收敛性研究》，《求索》2007 年第 11 期。

范爱军、李真、刘小勇：《国内市场分割及其影响因素的实证分析——以我国商品市场为例》，《南开经济研究》2007 年第 5 期。

范爱军、孙宁：《地区性行政垄断导致的国内市场分割程度测算——基于边界效应法的研究》，《社会科学辑刊》2009 年第 5 期。

范子英、张军：《粘纸效应：对地方政府规模膨胀的一种解释》，《中国工业经济》2010 年第 12 期。

傅光明：《论省直管县财政体制》，《财政研究》2006 年第 2 期。

傅勇：《财政分权、政府治理与非经济性公共物品供给》，《经济研究》2010

年第 8 期。

傅勇、张晏：《中国式分权与财政支出结构偏向：为增长而竞争的代价》，《管理世界》2007 年第 3 期。

郭庆旺、吕冰洋、张德勇：《财政支出结构与经济增长》，《经济理论与经济管理》2003 年第 11 期。

何贤杰、朱红军、陈信元：《政府的多重利益驱动与银行的信贷行为》，《金融研究》2008 年第 6 期。

贺军：《官员晋升锦标赛的外部效应与基本公共服务发展的失衡》，《湖湘论坛》2011 年第 5 期。

胡书东：《经济发展中的中央与地方关系——中国财政制度变迁研究》，上海人民出版社 2001 年版。

连玉君、程建：《不同成长机会下资本结构与经营绩效之关系研究》，《当代经济科学》2006 年第 2 期。

连玉君、钟经樊：《中国上市公司资本结构动态调整机制研究》，《南方经济》2007 年第 1 期。

廖国民、刘巍：《银行体制、破产成本与政府担保——国有银行不良资产形成的一个分析框架》，《管理世界》2005 年第 3 期。

刘霖：《一个衡量政府规模的新指标》，《当代财经》2005 年第 5 期。

刘荣添、林峰：《我国东、中、西部外商直接投资（FDI）区位差异因素的 Panel Data 分析》，《数量经济技术经济研究》2005 年第 7 期。

刘小鲁：《区域性公共品的最优供给：应用中国省际面板数据的分析》，《世界经济》2008 年第 4 期。

卢洪友、卢盛峰、陈思霞：《中国地方政府供给公共服务匹配程度评估》，《财经问题研究》2011 年第 9 期。

罗慧、王广奇：《中国财政体制的历史演进与改革的必然性》，《中国总会计师》2007 年第 3 期。

吕达、曹琨：《制约政府规模的几个主要因素》，《国家行政学院学报》2003 年第 4 期。

马树才、孙长清：《经济增长与最优财政支出规模研究》，《统计研究》2005 年第 1 期。

马拴友：《政府规模与经济增长：兼论中国财政的最优规模》，《世界经济》2000 年第 11 期。

马拴友、于红霞：《转移支付与地区经济收敛》，《经济研究》2003 年第 3 期。

诺尔曼、吉麦尔：《公共部门增长理论与国际经验比较》，经济管理出版社 2004 年版。

庞明礼：《"省管县"：我国地方行政体制改革的趋势?》，《中国行政管理》 2007 年第 6 期。

庞明礼、李永久、陈翻：《"省管县"能解决县乡财政困难吗?》，《中国行政管理》2009 年第 7 期。

钱颖一：《理解 GDP》，《财经》2005 年第 6 期。

史宇鹏、周黎安：《地区放权与经济效率：以计划单列为例》，《经济研究》 2007 年第 1 期。

孙琳、潘春阳：《"利维坦假说"、财政分权和地方政府规模膨胀——来自 1998 ~ 2006 年的省级证据》，《财经论丛》2009 年第 2 期。

孙群力：《中国地方政府最优规模的理论与实证研究》，《中南财经政法大学学报》2006 年第 4 期。

孙群力：《财政分权对政府规模影响的实证研究》，《财政研究》2008 年第 7 期。

汤伶俐：《政府行政成本的内在机理：省管县与市管县财政体制比较》，《改革》2009 年第 10 期。

王春元：《我国政府财政支出结构与经济增长关系实证分析》，《财经研究》 2009 年第 6 期。

王德祥、李建军：《人口规模、"省直管县"对地方公共品供给的影响—— 来自湖北省市、县两级数据的经验证据》，《统计研究》2008 年第 12 期。

王德祥、李建军：《辖区人口、面积与地方财政支出——基于鄂鲁吉 3 省 178 个县（市）数据的实证研究》，《财贸经济》2009 年第 4 期。

王文剑：《中国的财政分权与地方政府规模及其结构——基于经验的假说与解释》，《世界经济文汇》2010 年第 5 期。

王玉明：《论政府规模及其合理尺度》，《地方政府管理》1998 年第 9 期。

夏鲁惠：《我国东、中、西部高等教育办学类型及其规模宏观分析》，《教师教育研究》2007 年第 5 期。

徐奇渊：《统计数据与主观感受：CPI 是风动还是帆动》，《中国社会科学院世界经济与政治研究所国际金融研究中心》Policy Brief No. 2010. 077.

徐现祥、王贤彬：《任命制下的官员经济增长行为》，《经济学（季刊）》2010年第4期。

徐现祥、王贤彬、舒元：《地方官员与经济增长——来自中国省长、省委书记交流的证据》，《经济研究》2007年第9期。

许成刚：《中国经济改革的制度基础》，《世界经济文汇》2009年第4期。

许宪春：《准确理解中国经济统计》，《经济研究》2010年第5期。

颜廷锐、张艳：《政府规模与行政效率比较审视》，《云南行政学院学报》2003年第6期。

杨灿明、孙群力：《外部风险对中国地方政府规模的影响》，《经济研究》2008年第9期。

杨迪、杨冠琼：《政府规模与结构优化的维度与性质》，《新视野》2011年第3期。

杨冠琼、罗植、刘雯雯：《解决官员晋升锦标赛问题　促进基本公共服务发展的对策》，《湖湘论坛》2011年第5期。

杨茂林：《以公共服务为中心推进县政建设——从"省直管县"的视阈谈起》，《中国行政管理》2010年第5期。

杨友才、赖敏晖：《我国最优政府财政支出规模——基于门槛回归的分析》，《经济科学》2009年第2期。

银温泉：《打破地方市场分割建立全国统一市场》，《宏观经济管理》2001年第6期。

尹恒、康琳琳、王丽娟：《政府间转移支付的财力均等化效应——基于中国县级数据的研究》，《管理世界》2007年第1期。

尹恒、朱虹：《中国县级地区财力缺口与转移支付的均等性》，《管理世界》2009年第4期。

余明桂、潘红波：《政府干预、法治、金融发展与国有企业银行贷款》，《金融研究》2008年第9期。

袁渊、左翔：《"扩权强县"与经济增长：规模以上工业企业的微观证据》，《世界经济》2011年第3期。

张钢、段澈：《我国地方财政支出结构与地方经济增长关系的实证研究》，《浙江大学学报》（人文社会科学版）2006年第2期。

张军、吴桂英、张吉鹏：《中国省际物质资本存量估算：1952~2000年》，《经济研究》2004年第10期。

张美玲：《财政支出结构的国际比较对我国的启示》，《北京工商大学学报》（社会科学版）2005 年第 5 期。

张亲培：《公共财政的政治学分析》，吉林人民出版社 2004 年版。

张晏、龚六堂：《分税制改革、财政分权与中国经济增长》，《经济学》（季刊）2005 年第 4 期。

张占斌：《省直管县体制改革的实践创新》，国家行政学院出版社 2009 年版。

章上峰、许冰：《时变弹性生产函数与全要素生产率》，《经济学》（季刊）2009 年第 2 期。

钟宇平、陆根书：《社会资本因素对个体高等教育需求的影响》，《高等教育研究》2006 年第 1 期。

钟正生、饶晓辉：《我国存在最优政府规模曲线吗》，《财贸研究》2006 年第 6 期。

周黎安、陈烨：《中国农村税费改革的政策效果：基于双重差分模型的估计》，《经济研究》2005 年第 8 期。

邹恒甫：《最后的狂人：我就是邹恒甫》，东方出版社 2013 年版。

A. Banerjee, E. Duflo, "Addressing absence", *The Journal of Economic Perspectives*, Vol. 20, No. 1, 2006, p. 117 – 132.

Akira Goto, Kazuyuki Suzuki, "R&D Capital, Rate of Return on R&D Investment and Spillover of R&D in Japanese Manufacturing Industries", *The Review of Economics and Statistics*, Vol. 71, No. 4, 1989, p. 555 – 564.

Alain Guengant, Jean – Michel Josselin, Yvon Rocaboy, "Effects of Club Size in the Provision of Public Goods. Network and CongEstion Effects in the Case of the French Municipalities", *Papers in Regional Science*, Vol. 81, No. 4, 2002, p. 443 – 460.

Alberto Alesina, Romain Wacziarg, "Openness, Country Size and Government", *Journal of Public Economics*, Vol. 69, No. 3, 1998, p. 305 – 321.

Amihai Glazer, Esko Niskanen, "Why Voters May Prefer Congested Public Clubs", *The Journal of Public Economics*, Vol. 65, No. 1, 1997, p. 37 – 44.

Andrew Levin, Chien – Fu Lin, Chia – Shang James Chu, "Unit Root Tests in Panel Data: Asymptotic and Finite – sample Properties", *Journal of Econo-*

metrics, Vol. 108, No. 1, 2002, p. 1 – 24.

Anne C. Case, Harvey S. Rosen, Jr. James Hines, "Budget Spillovers and Fiscal Policy Interdependence : Evidence from the States", *Journal of Public Economics*, Vol. 52, No. 3, 1993, p. 285 – 307.

Anthony Downs, "An Economic Theory of Political Action in a Democracy", *Journal of Political Economy*, Vol. 65, No. 2, 1957, p. 135 – 150.

Antony Davies, "Human Development and the Optimal Size of Government", *Journal of Socio – Economics*, Vol. 38, No. 2, 2009, p. 326 – 330.

Atul A. Dar, Sal AmirKhalkhali, "Government Size, Factor Accumulation, and Economic Growth: Evidence from OECD Countries", *Journal of Policy Modeling*, Vol. 24, No. 7 – 8, 2002, p. 679 – 692.

Bruce D. Meyer, "Natural and Quasi – Experiments in Economics", *Journal of Business & Economic Statistics*, Vol. 13, No. 2, 1995, p. 151 – 161.

Bruce E. Hansen, "Inference When a Nuisance Parameter Is Not Identified under the Null Hypothesis", *Econometrica*, Vol. 64, No. 2, 1996, p. 413 – 430.

Bruce E. Hansen, "Sample Splitting and Threshold Estimation", *Econometrica*, Vol. 68, No. 3, 2000, p. 575 – 604.

C. R. Hulten, R. M. Schwab, "Public Capital Formation and the Growth of Regional Manufacturing Industries", *National Tax Journal*, Vol. 44, No. 4, 1991, p. 121 – 134.

Charles M. Tiebout, "A Pure Theory of Local Expenditures", *The Journal of Political Economy*, Vol. 64, No. 5, 1956, p. 416 – 424.

Christian Bjornskov, Axel Dreher, Justina A. V. Fischer, "Cross – country determinants of Life Satisfaction: Exploring Different Determinants Across Groups in Society", *Social Choice and Welfare*, Vol. 30, No. 1, 2008, p. 119 – 173.

Clive W. J. Granger, "Testing for causality: A Personal Viewpoint", *Journal of Economic Dynamics and Control*, Vol. 2, No. 1, 1980, p. 329 – 352.

D. Hoechle, "Robust Standard Errors for Panel Regressions with Cross – sectional dependence", *Stata Journal*, Vol. 7, No. 3, 2007, p. 281 – 312.

D. T. Campbell, "Factors Relevant to the Validity of Experiments in Social Settings", *Psychological Bulletin*, Vol. 54, No. 4, 1957, p. 297 – 312.

D. T. Campbell, "Reforms as Experiments", *American Psychologist*, Vol. 24, 1969, p. 409 – 429.

D. T. Campbell, J. C. Stanley, "Experimental and Quasi – Experimental Designs for Rseearch", Chicago: Rand McNally, 1966.

Dani Rodrik, "Why Do More Open Economies Have Bigger Governments?", *Journal of Political Economy*, Vol. 106, No. 5, 1998, p. 997 – 1032.

Daniel Landau, "Government Expenditure and Economic Growth: A Cross – Country Study", *Southern Economic Journal*, Vol. 49, No. 3, 1983, p. 783 – 792.

David Aschauer, "Public investment and productivity growth in the Group of Seven", *Economic Perspectives*, Vol. Sep, 1989, p. 17 – 25.

David Cameron, "The Expansion of the Public Economy: A Comparative Analysis", *The American Political Science Review*, Vol. 72, No. 4, 1978, p. 1243 – 1261.

David F. Bradford, Wallace E. Oates, "Towards a Predictive Theory of Intergovernmental Grants", *The American Economic Review*, Vol. 61, No. 2, 1971, p. 440 – 448.

David Joulfaian, Michael L. Marlow, "Centralization and Government Competition", *Applied Economics*, Vol. 23, No. 10, 1991, p. 1603 – 1612.

David T. Coe, Elhanan Helpman, "International R&D spillovers", *European Economic Review*, Vol. 39, No. 5, 1995, p. 859 – 887.

E. C. Banfield, J. Q. Wilson, *Voting Behavior on Municipal Expenditures: A study in Rationality and Self – Interest*, Washington: The Public Economy of Urban Communities, 1965.

Eduardo A. Cavallo, "Output Volatility and Openness to Trade: A Reassessment", *IDB Research Department Working Paper*, 2007.

Edward M. Gramlich, "State and Local Governments and Their Budget Constraint", *International Economic Review*, Vol. 10, No. 2, 1969, p. 163 – 182.

Edward M. Gramlich, "Infrastructure Investment: A Review Essay", *Journal of Economic Literature*, Vol. 32, No. 3, 1994, p. 1176 – 1196.

Eric M. Engen, Jonathan Skinner, "Fiscal Policy and Economic Growth", *Na-

tional Bureau of Economic Research Working Paper Series, No. 4223. 1992.

Ernesto Stein, "Fiscal Decentralization and Government Size in Latin America", *Journal of Applied Economics*, Vol. II, No. 1999, p. 357 – 391.

Esmaiel Abounoori, Younes Nademi, "Government Size Threshold and Economic Growth in Iran", *International Journal of Business and Development Studies*, Vol. 2, No. 1, 2010, p. 95 – 108.

F. A. Hayek, "The Use of Knowledge in Society", *The American Economic Review*, Vol. 35, No. 4, 1945, p. 519 – 530.

Frank Balle, Ashish Vaidya, "A Regional Analysis of Openness and Government Size", *Applied Economics Letters*, Vol. 9, No. 5, 2002, p. 289 – 292.

G. Brennan, J. M. Buchanan, *The Power to Tax: Analytical Foundations of a Fiscal Constitution.*, Cambridge: Cambridge University Press, 1980.

George R. Zodrow, Peter Mieszkowski, "Pigou, Tiebout, Property Taxation, and the Underprovision of Local Public Goods", *Journal of Urban Economics*, Vol. 19, No. 3, 1986, p. 356 – 370.

Georgios Karras, "Employment and Output Effects of Government Spending: Is Government Size Important?", *Economic Inquiry*, Vol. 31, No. 3, 1993, p. 354 – 369.

Georgios Karras, "The Optimal Government Size: Further International Evidence on the Productivity of Government Services", *Economic Inquiry*, Vol. 34, No. 2, 1996, p. 193 – 203.

Georgios Karras, "Is Government Investment Underprovided in Europe? Evidence from a Panel of Fifteen Countries", *Economia Internazionale / International Economics*, Vol. 50, No. 2, 1997, p. 223 – 235.

Gerald W. Scully, *What is the Optimal Size of Government in the United States*, NCPA Policy Report, 1994。

Gerald W. Scully, "Taxation and Economic Growth in New Zealand", *Pacific Economic Review*, Vol. 1, No. 2, 1996, p. 169 – 177.

Gerald W. Scully, "Government Expenditure and Quality of Life", *Public Choice*, Vol. 108, No. 1/2, 2001, p. 123 – 145.

Gwartney J., R. Lawson, R. Holcombe, "The Size and Functions of Government and Economic Growth", *Joint Economic Committee*, 1998.

H. Molana, C. Montagna, M. Violato. "On the Causal Relationship between Trade Openness and Government Size Evidence from 23 OECD Countries", Dundee Discussion Papers in Economics 164, Economic Studies, University of Dundee, 2004.

Hamid Amirnejad, Sadegh Khalilian, Mohammad H. Assareh, et al, "Estimating the Existence Value of North Forests of Lran by Using a Contingent Valuation Method", *Ecological Economics*, Vol. 58, No. 4, 2006, p. 665 –675.

Hamid Baghestani, Robert McNown, "Do Revenues or Expenditures Respond to Budgetary Disequilibria?", *Southern Economic Journal*, Vol. 61, No. 2, 1994, p. 311 –322.

Harold Hotelling, "Stability in Competition", *The Economic Journal*, Vol. 39, No. 153, 1929, p. 41 –57.

Helmuth Cremer, Maurice Marchand, Pierre Pestieau, "Investment in Local Public Services: Nash Equilibrium and Social Optimum", *Journal of Public Economics*, Vol. 65, No. 1, 1997, p. 23 –35.

Hoechle Daniel, "Robust standard errors for panel regressions with cross – sectional dependence", *Stata Journal*, Vol. 7, No. 3, 2007, p. 281 –312.

Howard R. Bowen, "The Interpretation of Voting in the Allocation of Economic Resources", *The Quarterly Journal of Economics*, Vol. 58, No. 1, 1943, p. 27 –48.

Inessa Love, Lea Zicchino, "Financial Development and Dynamic Investment Behavior: Evidence from panel VAR", *The Quarterly Review of Economics and Finance*, Vol. 46, No. 2, 2006, p. 190 –210.

J. Bradford De Long, "Productivity Growth, Convergence, and Welfare: Comment", *American Economic Review*, Vol. 78, No. 5, 1988, p. 1138 –1154.

J. M. Buchanan, G. Tullock, The Calculus of Consent, Ann Arbor: University of Michigan Press, 1962.

James B. Heil, "The Search for Leviathan Revisited", *Public Finance Review*, Vol. 19, No. 3, 1991, p. 334 –346.

James L. Barr, Otto A. Davis, "An Elementary Political and Economic Theory of the Expenditures of Local Governments", *Southern Economic Journal*, Vol. 33, No. 2, 1966, p. 149 –165.

Jing Jin, Heng – fu Zou, "How does Fiscal Decentralization Affect Aggregate, National, and Subnational Government Size?", *Journal of Urban Economics*, Vol. 52, No. 2, 2002, p. 270 – 293.

John C. Driscoll, Aart C. Kraay, "Consistent Covariance Matrix Estimation With Spatially Dependent Panel Data", *The Review of Economics and Statistics*, Vol. 80, No. 4, 1998, p. 549 – 560.

John E. Anderson, HENDRIK van den Berg, "Fiscal Decentralization and Government Size: An International Test for Leviathan Accounting for Unmeasured Economic Activity", *International Tax and Public Finance*, Vol. 5, No. 2, 1998, p. 171 – 186.

John Garen, Kathleen Trask, "Do More Open Economies Have Bigger Governments? Another look", *Journal of Development Economics*, Vol. 77, No. 2, 2005, p. 533 – 551.

John Joseph Wallis, Wallace E. Oates, "Decentralization in the Public Sector: An Empirical Study of State and Local Government", *Fiscal Federalism: Quantitative Studies*, Vol. 1988, p. 5 – 32.

Jonathan Rodden, "Reviving Leviathan: Fiscal Federalism and the Growth of Government", *International Organization*, Vol. 57, No. 4, 2003, p. 695 – 729.

Kevin B. Grier, Gordon Tullock, "An Empirical Analysis of Cross – national Economic Growth, 1951 – 1980", *Journal of Monetary Economics*, Vol. 24, No. 2, 1989, p. 259 – 276.

Kevin L. Ross, James E. Payne, "A Reexamination of Budgetary Disequilibria", *Public Finance Review*, Vol. 26, No. 1, 1998, p. 67 – 79.

Kyung So Im, M. Hashem Pesaran, Yongcheol Shin, "Testing for Unit Roots in Heterogeneous Panels", *Journal of Econometrics*, Vol. 115, No. 1, 2003, p. 53 – 74.

M. Hashem Pesaran, "A Simple Panel Unit Root Test in the Presence of Cross – section dependence", *Journal of Applied Econometrics*, Vol. 22, No. 2, 2007, p. 265 – 312.

M. Von Furstenberg George, R. Jeffery Green, Jin – Ho Jeong, "Tax and Spend, or Spend and Tax?", *The Review of Economics and Statistics*, Vol. 68,

No. 2, 1986, p. 179 – 188.

Manuel Arellano, Olympia Bover, "Another Look at the Instrumental Variable Estimation of Error – components Models", *Journal of Econometrics*, Vol. 68, No. 1, 1995, p. 29 – 51.

Manuel Arellano, Stephen Bond, "Some Tests of Specification for Panel Data: Monte Carlo Evidence and an Application to Employment Equations", *Review of Economic Studies*, Vol. 58, No. 2, 1991, p. 277 – 297.

Mark P. Taylor, Lucio Sarno, "The Behavior of Real Exchange Rates During the post – Bretton Woods period", *Journal of International Economics*, Vol. 46, No. 2, 1998, p. 281 – 312.

Michael Benarroch, Manish Pandey, "Trade Openness and Government Size", *Economics Letters*, Vol. 101, No. 3, 2008, p. 157 – 159.

Michael L. Marlow, "Fiscal Decentralization and Government Size", *Public Choice*, Vol. 56, No. 3, 1988, p. 259 – 269.

Muhammad Islam, "The Long Run Relationship Between Openness and Government Size: Evidence from Bounds Test", *Applied Economics*, Vol. 36, No. 9, 2004, p. 995 – 1000.

Panos C. Afxentiou, Apostolos Serletis, "Government Expenditures in the European Union: Do they Converge Or Follow Wagner's Law?", *International Endodontic Journal*, Vol. 10, No. 3, 1996, p. 33 – 47.

Paresh Kumar Narayan, "The Government Revenue and Government Expenditure Nexus: Empirical Evidence from Nine Asian Countries", *Journal of Asian Economics*, Vol. 15, No. 6, 2005, p. 1203 – 1216.

Patrick D. Larkey, Chandler Stolp, Mark Winer, "Theorizing about the Growth of Government: A Research Assessment", *Journal of Public Policy*, Vol. 1, No. 2, 1981, p. 157 – 220.

Philip J. Grossman, "Fiscal Decentralization and Government Size: An Extension", *Public Choice*, Vol. 62, No. 1, 1989, p. 63 – 69.

Philip J. Grossman, "Fiscal Decentralization and Public Sector Size in Australia", *Economic Record*, Vol. 68, No. 3, 1992, p. 240 – 246.

Philip J. Grossman, Edwin G. West, "Federalism and the Growth of Government Revisited", *Public Choice*, Vol. 79, No. 1/2, 1994, p. 19 – 32.

R. Armey, *The Freedom Revolution*, Washington DC: Regnery Publishing, 1995.

R. Blundell, S. Bond, "Initial conditions and moment restrictions in dynamic panel data models", *Journal of Econometrics*, Vol. 87, No. 1998, p. 115 – 143.

R. H. Gordon, W. Li. "Taxation and Economic Growth in China", Critical Issues in China's Growth and Development. 22 – 40: 2005.

R. J. Shadbegian, "Fiscal Federalism, Collusion, and Government Size: Evidence from the States", *Public Finance Review*, Vol. 27, No. 3, 1999, p. 262 – 281.

R. K. Vedder, L. E. Gallaway. "Government Size and Economic Growth", Joint Economic Commitee of the US Congeress, 1998: p. 1 – 15.

Randall G. Holcombe, DeEdgra W. Williams, "The Impact of Population Density on Municipal Government Expenditures", *Public Finance Review*, Vol. 36, No. 3, 2008, p. 359 – 373.

Rati Ram, "Government Size and Economic Growth: A New Framework and Some Evidence from Cross – Section and Time – Series Data", *American Economic Review*, Vol. 76, No. 1, 1986, p. 191 – 203.

Robert Deacon, Perry Shapiro, "Private Preference for Collective Goods Revealed Through Voting on Referenda", *The American Economic Review*, Vol. 65, No. 5, 1975, p. 943 – 955.

Robert E. Hall, Charles I. Jones, "Why Do Some Countries Produce So Much More Output Per Worker Than Others?", *The Quarterly Journal of Economics*, Vol. 114, No. 1, 1999, p. 83 – 116.

Robert Higgs, *Crisis and Leviathan: Critical Episodes in the Growth of American Government*, New York: Oxford University Press, 1987.

Robert J. Barro, "Government Spending in a Simple Model of Endogenous Growth", *The Journal of Political Economy*, Vol. 98, No. 5, 1990, p. S103 – S125.

Robert J. Barro, "Economic Growth in a Cross Section of Countries", *The Quarterly Journal of Economics*, Vol. 106, No. 2, 1991, p. 407 – 443.

Robert K. Davis, "Recreation Planning as an Economic Problem. *Natural Resource*

Journal, Vol. 3, p. 239 – 249.

Robert P. Inman, "The Flypaper Effect", *NBER Working Paper No. w*14579, 2008.

Robert W. Burchell, George Lowenstein, William R. Dolphin, et al, *Costs of Sprawl* – 2000, Washington DC: National Academy Press, 2002.

Robin Barlow, "Efficiency Aspects of Local School Finance", *Journal of Political Economy*, Vol. 78, No. 5, 1970, p. 1028 – 1040.

Roger C. Kormendi, Philip Meguire, "Government Debt, Government Spending, and Private Sector Behavior: Reply", *American Economic Review*, Vol. 76, No. 5, 1986, p. 1180 – 1187.

Roger H. Gordon, Wei Li, "Provincial and Local Governments in China: Fiscal Institutions and Government Behavior", NBER Working Paper, 2011.

S. Folster, M. Henrekson, "Growth Effects of Government Expenditure and Taxation in Rich Countries", *European Economic Review*, Vol. 45, No. 8, 2001, p. 1501 – 1520.

S. Lin, "Government spending and Economic Growth", *Applied Economics*, Vol. 26, No. 1, 1994, p. 83 – 94.

Shantayanan Devarajan, Vinaya Swaroop, Zou Heng – fu, "The Composition of Public Expenditure and Economic Growth", *Journal of Monetary Economics*, Vol. 37, No. 2 – 3, 1996, p. 313 – 344.

Sheng – Tung Chen, Chien – Chiang Lee, "Government Size and Economic Growth in Taiwan: A Threshold Regression Approach", *Journal of Policy Modeling*, Vol. 27, No. 9, 2005, p. 1051 – 1066.

Stephen J. Bailey, Stephen Connolly, "The Flypaper Effect: Identifying Areas for Further Research", *Public Choice*, Vol. 95, No. 3, 1998, p. 335 – 361.

T. D. Cook, D. T. Campbell, *Quasi – Experimentation: Design & Analysis Issues for Field Settings*, Chicago: Rand McNally, 1979.

Tao Zhang, Heng – Fu Zou, "Fiscal Decentralization, Public Spending, and Economic Growth in China", *Journal of Public Economics*, Vol. 67, No. 2, 1998, p. 221 – 240.

Theodore C. Bergstrom, Robert P. Goodman, "Private Demands for Public

Goods", *The American Economic Review*, Vol. 63, No. 3, 1973, p. 280 – 296.

Thomas E. Borcherding, Robert T. Deacon, "The Demand for the Services of Non – Federal Governments", *The American Economic Review*, Vol. 62, No. 5, 1972, p. 891 – 901.

Tsangyao Chang, Gengnan Chiang, "Revisiting the Government Revenue – Expenditure Nexus: Evidence from 15 OECD Countries Based on the Panel Data Approach", *Czech Journal of Economics and Finance* (*Finance a uver*), Vol. 59, No. 2, 2009, p. 165 – 172.

Vito Tanzi, Ludger Schuknecht, "Reforming government: An Overview of Recent Experience", *European Journal of Political Economy*, Vol. 13, No. 3, 1997, p. 395 – 417.

W. C. Birdsall, *A Study of the Demand for Public Goods*, Washington: Essays in Fiscal Federalism, 1965.

Wallace E. Oates, *Fiscal Federalism*, New York: Harcourt Brace Jovanovich, 1972.

Wallace E. Oates, "Searching for Leviathan: An Empirical Study", *The American Economic Review*, Vol. 75, No. 4, 1985, p. 748 – 757.

Wallace E. Oates, "An Essay on Fiscal Federalism", *Journal of Economic Literature*, Vol. 37, No. 3, 1999, p. 1120 – 1149.

William Anderson, Myles S. Wallace, John T. Warner, "Government Spending and Taxation: What Causes What?", *Southern Economic Journal*, Vol. 52, No. 3, 1986, p. 630 – 639.

William J. Baumol, "Productivity Growth, Convergence, and Welfare: What the Long – run Data Show", *American Economic Review*, Vol. 76, No. 5, 1986, p. 1072 – 1085.

William Vickrey, "Counterspeculation, Auctions, and Competitive Sealed Tenders", *The Journal of Finance*, Vol. 16, No. 1, 1961, p. 8 – 37.

Wim Moesen, Philippe Cauwenberge Van, "The Status of the Budget Constraint, Federalism and the Relative Size of Government: A Bureaucracy Approach", *Public Choice*, Vol. 104, No. 3/4, 2000, p. 207 – 224.

Z. Zhu, B. Krug, "Is China a Leviathan?" ERIM Report Series Reference, 2005.

索　引

后 记

本书是在博士论文的基础上整理的，主要是增加了中国地方政府财政支出结构优化这一部分内容。同时，也重新整理了研究背景、基本假设、研究内容和意义等内容，并对部分内容进行了细微的调整与数据更新。博士论文着手于 2010 年 3 月，选题来自导师的国家自然科学基金重点项目。论文从结构设计到数据收集，从模型估计到论文撰写，前后经历了大约两年时间，其间遇到了不少困难，也得到了许多老师和同学的帮助。

首先，感谢我的导师杨冠琼教授。他严谨的学术风格和一丝不苟的治学态度时刻影响着我，他严密的数理逻辑思维引导我充分发挥理科背景的优势，他丰富的公共管理知识指导我将已经掌握的管理工具应用于公共管理的研究之中，他深刻的见地和缜密的哲学思维不断地升华着我的逻辑思维方式，令我受益匪浅。跟随杨老师学习的六年时间里，他虽然学术研究事务繁忙，但仍抽出很多时间指导我的学习与研究。我的博士论文从整体的构思到文章的结构，从数据的分析到论文的写作，每一个过程都离不开杨老师的悉心指导，与杨老师的每一次交流，都能令我得到新启发。这也使得在博士论文完成时，仍有许多想法没有得以实现，本书的第六章就是其中之一。六年里，我不仅从杨老师那里学到了专业知识，增长了研究能力，更重要的是杨老师那种长者的风范、学者的严谨、教师的德行和朋友的真诚，将会影响我的一生。

其次，感谢我的博士后指导老师施昌奎研究员。施老师为人随和、平易近人，不仅指点我展开博士后的研究工作，帮助我快速地从学习型研究状态转换到工作型研究状态，而且在工作与生活上给予了我极大的帮助，让我有足够的精力和信心完善本书的内容。同时，也要感谢管理所的每一位同事，你们的关心与帮助让我很快地融入了这一新的工作学习环境。

再次，感谢北京市社会科学院和清华大学为我提供了一个良好的学习与研究环境。毕业后，来到北京市社会科学院管理研究所做博士后。这里科研氛围浓厚，科研资源丰富，工作时间自由，同时还能接触到更多的基层资料，这为我进一步的研究工作提供了丰富的研究资源与充足的研究时间。在这里，我能够继续静下心来思考地方政府规模与结构的优化这一问题，重新梳理了博士论文的逻辑线索与结构，并进一步考察了地方政府财政支出结构的优化问题，丰富了这一论题的研究内容。

感谢北京师范大学系统科学系的所有老师，正是你们在我本科四年里的悉心教导才使我掌握了丰富的研究方法，为我硕士与博士阶段的研究工作打下了坚实的基础。尤其感谢狄增如教授和陈清华副教授。狄老师风趣幽默的语言和耐心认真的教学令我在愉悦中学习，在欢声中获得智慧的启迪。陈老师在程序设计方面经验丰富，其巧妙的设计与耐心的解说提高了我的程序设计水平，为我以后的研究与学习提供了重要的工具。

感谢中山大学岭南学院金融系的连玉君副教授。虽然与连老师未曾谋面，但是本论题研究所使用的软件的相关问题，是连老师通过网络给了我悉心指导。第一，他的视频教程让我对 Stata 软件的使用有了更深一层的了解。第二，对于我在论文中遇到的问题，连老师都能给予及时的解答。第三，连老师还将他编写的面板结构门槛回归程序分享与我。对于我这个不曾谋面的学生，连老师都能不吝赐教，这让我终生难忘。

感谢赵安平同学，他的数理功底深厚、理论基础扎实，在我这篇博士论文的模型设置与推导上他也给予了极大帮助。除此之外，在其他的研究工作中，与其交流也总能给我带来新的想法与灵感。

最后，还要感谢我的父亲与母亲。在求学过程中，父亲那严谨的治学态度与对待问题的一丝不苟一直影响着我的成长。同时，父亲也对我论文的修改提出了许多宝贵的意见。感谢母亲在生活上对我的关心与照顾，帮助我顺利完成论文。在这里祝福他们身体安康。

罗　植

2015 年 10 月